人類文明小百科

Corps et santé

身體與健康

OLIVIER ROUSSEL　著

孟筱敏　譯

三民書局

目

次

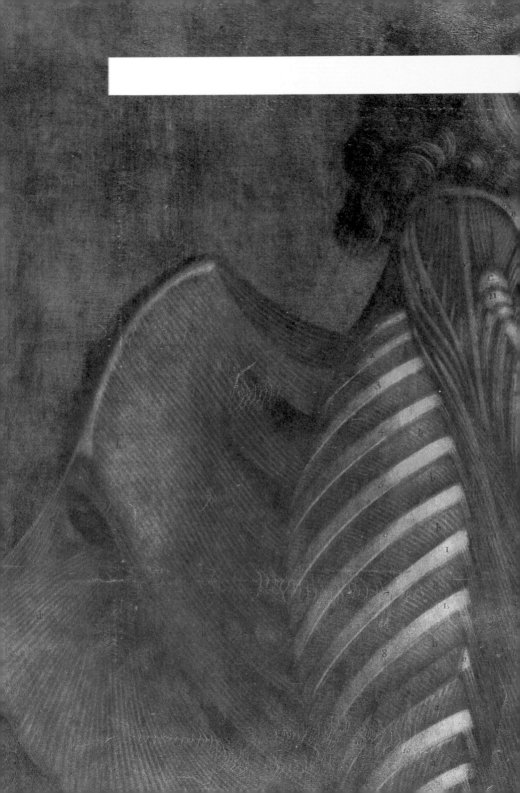

人體

人體構造

人體

人體是由骨骼、肌肉、許多種類的器官*（生理功能相同的器官*）、生殖器官，以及神經系統所組成。神經系統協調整個器官的功能，而且藉由感覺器官接收來自外部的信息。

嬌弱和強健的肌肉組織

五百多塊不同大小和形狀的肌肉能夠使人體移動、保持姿態、觀察環境、從事體力勞動或精細的操作、表現出臉部的表情以及用手勢來表達。

6

人體

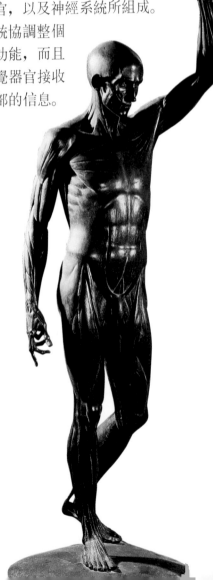

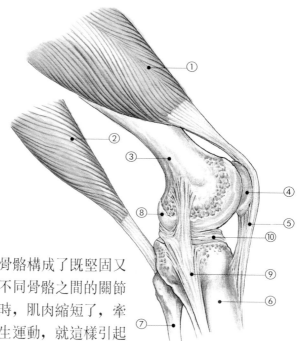

人體構造

二百零幾塊骨頭組成的骨骼構成了既堅固又可活動的骨架。在各種不同骨骼之間的關節能使人運動；肌肉收縮時，肌肉縮短了，牽動了肌肉的附著點而產生運動，就這樣引起了移動。骨骼、關節和肌肉構成了運動機制。

營養*器官位於軀幹，從上到下分為三部分：胸、腹和骨盆。在胸骨和肋骨下，胸部有肺和心臟。膈膜把胸部和腹部分開，大部分的消化器官以及腎臟和脾臟位在腹部。骨盆包括膀胱、消化管道的最後部分；女性則包括生殖器官。

大腦和脊髓構成了中樞神經系統。大腦佔據頭顱，頭顱保護大腦；而脊髓位於由一組椎骨組成的骨管裡。

膝關節

股骨③和脛骨⑥的頂端都覆蓋著軟骨⑧（這個關節沒有腓骨⑦）。韌帶⑨使骨頭得到支撐。臏骨⑤上附著叫做四頭肌①的伸肌鍵④。屈肌②能使膝蓋彎曲。關節半月板⑩增進股骨和脛骨之間的內聚力。

7

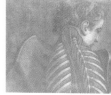

人體

註：帶星號*的字可在書後的「小小詞庫」中找到。

細胞——基本成分

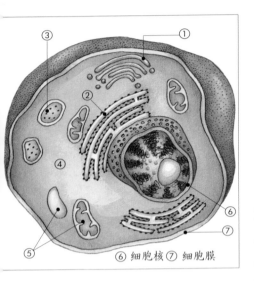

③

①

②

④

⑤

⑥ 細胞核 ⑦ 細胞膜

細胞單元

細胞單元包括：高爾基氏體①、核蛋白體②、溶酶體③、線粒體④和微粒⑤。

高爾基氏體儲存了細胞核蛋白體生產的物質，與核蛋白體接觸合成了蛋白質（很小的粒子，大約15 nm）！溶酶體像小袋子（大約 0.5 μm）塗上酶，擔負起在細胞質裡消化清除的任務，它們分解細胞內的成分或進入細胞的細胞外物質。線粒體利用氧氣來產生能量。

人體

人體的每個器官都是由成千上萬個並列著的細胞所組成，每個細胞的大小從每毫米的千分之一到百分之一不等。簡單來說，每一個細胞的構造都是一樣的。

質膜

質膜組成了細胞的包膜，發揮非常重要的作用。質膜含有細胞質，能抵抗當外部異物侵入細胞內時，稀釋細胞的成分，而導致細胞分裂或破裂（當質膜受到損害時，有時會出現這樣的情形）。質膜還擁有其他的特性。一方面，質膜控制各種不同物質的進出，尤其使細胞因此獲得養分；另一方面，質膜組成了界面而且能夠直接得知周圍的信息。這些信息影響這些細胞的活動。

質膜由脂類，也就是由脂肪所組成，它使細胞質和外部之間，這兩種含水的物質產生很好的隔離（每個人都知道，水和油性物質是不能混合的）。

細胞質和細胞核

細胞質是含有水的。在細胞質裡，除了細胞

單元之外，含有構成活組織的複合分子合成*所必須的各種物質：蛋白質、脂肪以及碳水化合物。細胞借助於酶*的作用，製造許多細胞的成分以及注入外環境的成分。如同所有的蛋白質那樣，根據細胞核的指令，在細胞質裡生產出酶，指令是保存在基因裡。

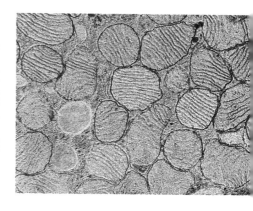

線粒體

提供細胞所必須的大部分能量。

細胞能源

細胞要運轉，就需要能量。這個能量由吸收葡萄糖*和脂肪酸*來提供，可以說，這兩種物質組成了碳氫化合物。在缺氧的情況下，細胞能夠從葡萄糖裡產生出一些能量。但是大部分的能量來自於有氧的反應，以及葡萄糖或脂肪酸的分子。這個過程在線粒體內進行，產率很高。這時，變弱的一個葡萄糖分子比在無氧時要產生出大約二十倍的能量。由此看來，氧對細胞的生存是非常重要的。

脫氧核糖核酸和遺傳密碼

細胞核（⑥，見第8頁）含有染色體，它的主要成分：脫氧核糖核酸(下圖)是基因的支撐物。基因構成了信息一覽表或「代碼表示」指令一覽表，這些能夠使細胞運轉，形式有些類似機器的操作使用。

9

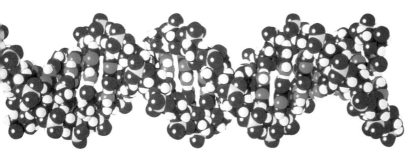

人體

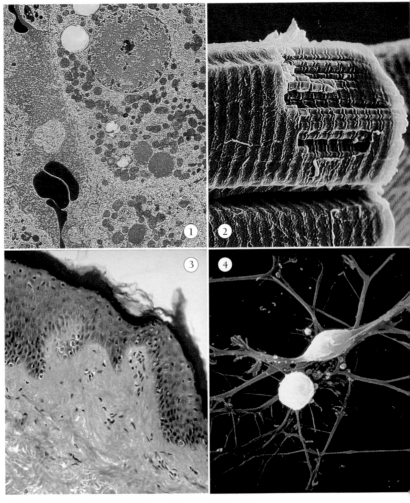

① ② ③ ④

10

人體

不同的細胞
不同的作用

我們體內的每一個細胞致力於一項密集的活動。每個細胞除去為自己的生存進行所有必要的活動之外（例如膜的維護），每個細胞都有自己主要的作用，而且整個器官運轉的貢獻，就如同一隻螞蟻為整個螞蟻窩作貢獻那樣。

一些細胞生產激素（如：胰島素①）；一些細胞能夠收縮並縮減自己的長度（如：肌纖維②）；一些細胞有保護的作用（皮膚細胞③）；另一些細胞能產生電力活動，這些電力活動又傳送給附近的細胞：神經細胞④就是這樣傳播信息的。

吸收食物

為了便於細胞吸收食物，所有的食物都需變成碎片，成為最小的成分：營養物*。這一個變小的過程，剛開始是經由部分機械化的咀嚼，然後多虧酶的化學作用，把食物變碎成為單純性分子。唾液腺、胃的黏膜*以及胰腺分泌出這些酶。這個過程從嘴開始，在胃裡加強活動，又在小腸最初部位繼續加緊活動。胰腺在小腸注入分泌物，以腸內一些酶的作用來完成這個過程。

在小腸內，大部分的食物都碎成很小的分子，使能夠通過腸壁到血液循環裡：這就是吸收的過程。脂肪的吸收必須要有膽汁。肝產生膽汁，然後儲存在膽囊內；每餐飯時，膽汁就流向腸內。

來自於消化管道的血液，尤其是來自於帶有剛剛吸收養料的小腸血液，朝著肝臟流去。肝臟擁有攝入的大量養料後，能製造出各種物質，例如蛋白質*、血凝固*因子、脂肪（脂肪被輸送到脂肪組織*內，儲存在那裡）。肝臟用糖原的形態來儲存糖，當緊急需要葡萄糖時，肝臟的儲存就很珍貴。

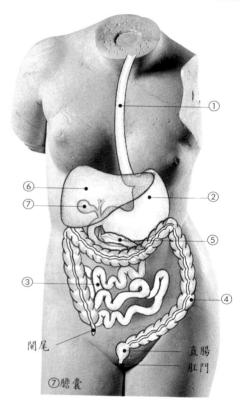

闌尾　　直腸　肛門
⑦膽囊

消化器官

消化器官包括消化管和附屬腺。食道①、胃②、小腸③及大腸④共有十幾公尺長。附屬腺(唾液腺、胰腺⑤、肝⑥)直接把它們的分泌物注入消化管內，在那裡與食物產生作用。

11

人體

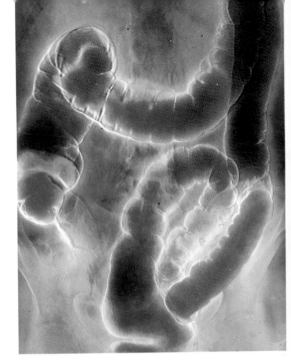

腸內都是微生物

有些植物纖維，如纖維素並不是沒作用，而是增加糞便的體積，有助於避免便秘。在大腸裡的活細菌要損壞這些因糖造成的纖維（旁邊是X光片）；糖發酵後成為消化道氣體的根源。在正常情況下，每人的消化道裡大約含有十萬億的細菌。

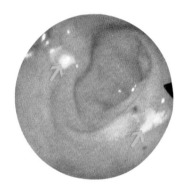

胃裡的鹽酸

胃分泌出的鹽酸有助於碎裂蛋白質。胃內的黏膜產生保護作用，抵抗酸的攻擊；但有時胃液會損壞胃壁，造成迂曲的穴，也就是潰瘍。

人體

血液循環

細胞構成了器官*，只有構成這些器官的細胞外培養基（環境）不斷地得到再供應的原料：主要是養料和氧氣，這些器官才能運轉而產生作用。此外，分泌物和細胞的廢棄物應該排泄出去，於是血液發揮它的作用：護送養料和廢棄物。心血管系統組成了護送的分配網，促使所有器官以及體內所有組織的血液循環。

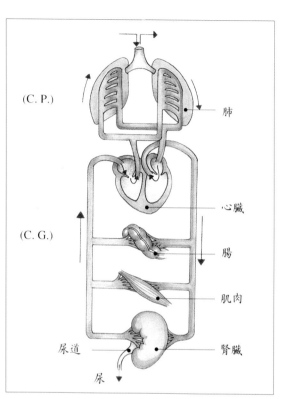

(C. P.)

肺

心臟

(C. G.)

腸

肌肉

尿道

腎臟

尿

經常飲食歐亞甘草會引起高血壓*。

循環器官

循環器官包括供給所有器官*的大循環，也稱體循環(C. G.)和使血液含有大量氧氣的小循環，也稱肺循環(C. P.)。

　　心臟像泵一樣使脈管裡的血運動起來。凹凸的心肌包括四個心室，心臟收縮時噴出血；而放鬆時四個心室又充滿了血。這些被一再打斷的連續收縮與心臟的跳動相符合。

　　就像管道那樣，要使水到達所有的樓層，必須使動脈系統有某些壓力，使所有的組織都得到供應：這就是動脈壓或動脈壓力，用相應的儀器很容易在胳搏上測量出動脈壓。

主動脈和大動脈的壁很有彈性，能承受由於每次心臟收縮，突然排出血液所引起的沖擊波。有彈性是非常重要的，因為彈性能夠使最初斷斷續續的血流，變成適應所有器官*連續流動的血液。

13

人體

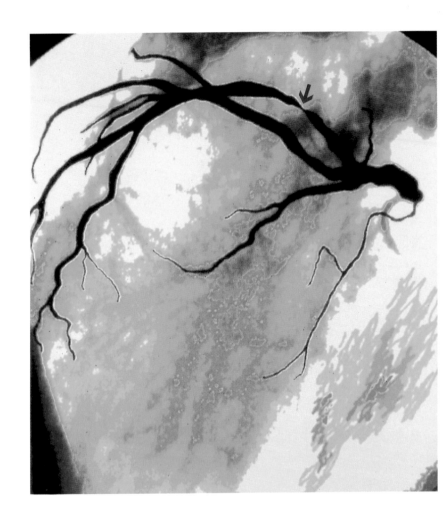

心血管疾病

心血管疾病是由於動脈
管壁阻塞造成的，動脈
管壁阻塞引起血流縮
減。紅色箭頭指出心臟
滋養動脈狹窄的部位。
靠阻塞動脈供應的組
織*忍受著營養攝入不
足的痛苦，不能正常運
作。受影響最多的動脈
是心臟、大腦、腎和大
腿的動脈，這會造成
嚴重的後果（癱瘓*、梗
塞*）。這些疾病是死亡
率的首要原因。法國以
及大部分工業化的國家
容易產生這些疾病的原
因：尼古丁中毒（見第
72頁），高血壓、糖尿
病*、血中過多的脂肪
（膽固醇*）、肥胖、缺
少運動和遺傳因素。

人體

呼吸

在器官的出口部位，由靜脈血管排出的血液缺氧，這些血液含有二氧化碳，這是細胞吸收了氧氣，而排出的二氧化碳。血液中應該一直含有氧氣。靜脈血攜帶細胞排出的二氧化碳到心臟，右心室把注入的靜脈血（帶有二氧化碳）噴注到分成兩根的支氣管動脈裡。進入肺部後，每一根支氣管動脈再分成許多小動脈，然後分成毛細管，這些毛細管*沿著肺泡伸展。

呼吸系統

呼吸道把空氣吸入肺內。呼吸道包括鼻腔①、喉②，以及分成兩個支氣管③的氣管。進入肺時⑥，這些支氣管變得更細，然後成為細支氣管④，再變為更細的毛細支氣管⑤，把空氣供給肺泡，這些一個個小包似的肺泡在呼吸時充滿了空氣。每次呼吸時，大約有半公升的空氣充滿了肺部。每分鐘吸氣，呼氣十五至二十次，因此，每天有一萬二千公升的空氣通過呼吸道。

①

口腔

②

③

④

⑤

⑥

左肺的剖面

15

人體

此處，連接毛細血管和肺泡的壁很薄，因此氣體可以通過。呼吸時，含有豐富氧氣的空氣佈滿了肺泡。當氧氣往毛細管擴散時，就進入血液中,而把二氧化碳往肺泡處排除。毛細血管集結於排出靜脈，離開肺部往左心室，血液獲得更新。呼氣時，肺泡裡污濁的空氣被排出。

血液

血液是人體內主要的液體，因為血液一直能夠流到最小的細胞，而且供給細胞在體內活動所需要的一切。同時，血液也組成了最佳流通的方法；藉由這個最佳的方法，任何載有信息的分子可以迅速地傳送到整個組織*。

血容量的一半（六十公斤重的人大約有五公升血）是由血漿和黏液組成的，黏液裡含有許許多多溶解的或懸浮的有機物質或礦物質。血液的另一半含有特殊的細胞：紅血球、白血球和血小板*。

紅血球唯一的作用是把肺部的氧氣運送到組織內，紅血球充滿了紅色的分子：血紅蛋白；氧氣佈滿在血紅蛋白上，因此多虧有了血紅蛋白，紅血球才能發揮它的作用。

白血球有保護組織的作用（見第26頁），而血小板能使血液凝固*。

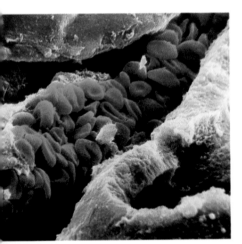

紅血球

紅血球的體積很小（一毫米的百萬分之七）。每立方毫米的紅血球含量為四萬至五萬，而每立方毫米的白血球含量為四千到一萬。

適應、調節、協調

人體就像機器設備那樣複雜，如果整個器官*
為了一些明確的目標，卻不能在協調和節制
的狀態正常地運作，人體就不可能生存，而
且人體也不可能發揮協調一致的作用。無論
個人做哪些活動（休息、睡眠、體力活動），
在任何情況下（天熱或天冷、吃飽或肚子餓
時……），主要在於保持各種不同物理參數
（壓力、溫度、流量、容量等等）和化學參
數（例如血糖*、氧氣中的血濃度、二氧化碳
及電解質（礦鹽））的穩定。

從熱到冷……
人體應該始終如一地適
應工作條件的變化。

交流聯絡網

內分泌腺和神經系統對各種不同器官進行協
調和管理，可以簡略地把它們描述成交流聯
絡系統：在它們自己之間交流信息，並且與
整個人體的組織器官交流信息。

17

人體

突觸

突觸能使一個神經細胞的信息到達另一個神經細胞。

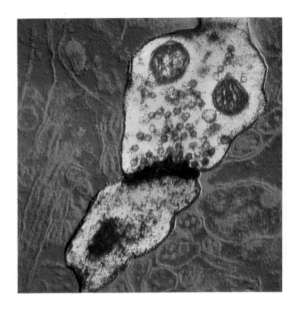

下丘腦*位於神經調節和激素的交叉點。下丘腦既可以接受來自腦中樞的信息，同時直接對各種不同物質和激素的血含量產生反應。下丘腦運用內分泌腺調節垂體的活動，同時藉由神經反應來回答這些信息。這個結構的存在能夠解釋激動（純粹精神上的感覺）是可以感覺到的物理影響：心臟跳動較快也較強、呼吸急促、臉色漲得通紅或變得蒼白（見第52頁）。

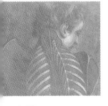

人體

神經系統

神經系統包括中樞神經系統（大腦和脊髓）以及由神經纖維聚集成的神經，這些神經在中樞神經系統和器官之間組成了交流網路。

人體所有部位產生大量載有感覺的信息湧向大腦。一方面是有關感覺器官收集到的外部數據；另一方面是有關內環境的各種情況、各種器官*的狀態、人體不同部位相互的情況，以及人體的狀態。這些最新的信息都是藉由人體各個組織的許多感受器*所接收到的。

作為回應，從中樞神經系統發出的指令傳送到肌肉和每個器官。這些指令能夠產生有意識的控制，對所有的肌肉組織發出指令，並決定了肢體的運動、身體的移動，以及富有表現力的手勢……然而，肌肉的收縮往往與意志無關，而是來自於反射：神經信號的產生是非常快的。比如說，產生的一些動作能夠保持平衡，或避免肢體遭受傷害。

從大腦發出的信息必須使所有器官的活動能適應經常變化的條件（運動、溫度、禁食、睡眠等等）。這些不由自主的指令會在人體內產生一些感覺得到的變化（例如呼吸增快、心臟跳動加快），或是一些不易察覺的變化（腺分泌、腎功能變化等等）。

腦

腦中樞和腦區組成了大腦。腦中樞和腦區之間相互交往聯繫；它們當中的每一個部分都有特殊的作用：動作協調、保持平衡、辨別形態、辨別字形、掌握語言、記憶等等。

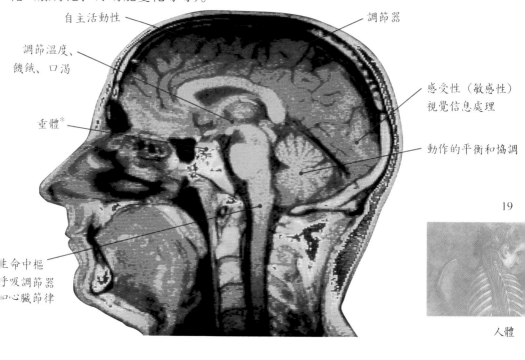

自主活動性

調節溫度、饑餓、口渴

垂體*

調節器

感受性（敏感性）視覺信息處理

動作的平衡和協調

19

生命中樞
呼吸調節器
心臟節律

人體

泌尿系統

腎臟主要有兩個作用：排泄和調節。排尿能夠使血液中大部分的物質得到淨化，因為人體組織已不能再使用這些物質。尿中溶解一些人體的廢棄物。調節的作用主要是在保持內環境的穩定，尤其是濃縮像氯化鈉和氯化鉀的礦鹽。

要完成這個作用，腎臟必須能調節這些分子的排泄；同時按照人體的需求控制水分的排泄。因此在炎熱時期，出汗失去許多水分，尿就很少了。

克洛得‧貝爾納和內環境

這位生理學家把浸潤體內每一個細胞的液體和血液組成一個整體，並把這個整體確定為「內環境」。這個內環境的物理化學性能（壓力、溫度、礦鹽的組成……）在人體的各個方面是相同的，即使有許多問題會改變這些性能，但是這些性能變化也很小。許多器官，例如腎臟的作用就是要調節和保持這個穩定性，這是細胞生存所必不可少的。

20

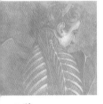

人體

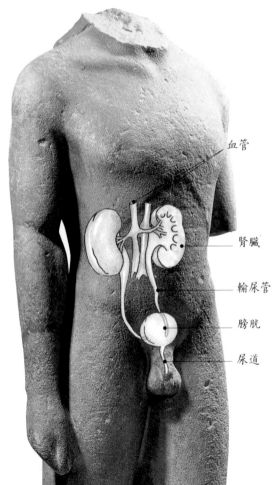

血管

腎臟

輸尿管

膀胱

尿道

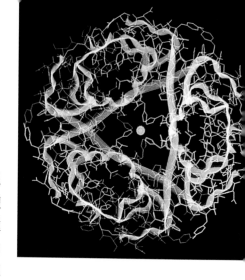

內分泌腺系統

每個內分泌腺*藉由它自身所產生的激素以及把這些激素注入到循環中，而參與了人體的調節和協調的活動。經由血液傳送的每種激素能到達每一個器官，但是在調節人體的活動時，每種激素僅僅只對這種激素有反應的器官產生影響。一個激素的作用如同一位信使沒有區別地向所有的人發出同一個命令，唯有涉及到的人執行這個命令。比如說，由垂體*分泌的催乳激素只有在分娩後才會分泌，並且在整個人體內流通，但是只刺激位於乳房的乳腺。

　　內分泌腺包括垂體、甲狀腺、甲狀旁腺、胰腺的分泌部分、腎上腺、卵巢和睪丸。

　　許多垂體的激素根據下丘腦*的命令進行活動而產生作用，主要在於刺激其他內分泌腺的活動。由於藉由垂體和神經通道，所有激素的產生是由來自大腦的指令進行調節。

胰島素

許多激素對好幾個器官產生影響是為了同一個目的。因此，我們在這裡所見到的胰島素合成圖，主要是作用於肝臟、脂肪組織*和肌肉上的，以減少血糖*，而且有利於能量營養物*（糖和脂肪酸）的儲藏。

生長激素（藉由垂體合成）以及甲狀腺激素（藉由甲狀腺製成）在人體成長中發揮首要的作用。足夠的生長激素和甲狀腺激素是整個人體和諧、圓滿發揮作用所必不可少的，然而其中的一種激素缺少或不足就會得侏儒症*。

21

人體

細胞繁殖

分裂和繁殖

億萬萬個細胞組成了人體，這個人體的成長是可能的，因為這些成千上萬的細胞藉由分裂的方法大量繁殖。到了成人階段時，人體增長結束，但是並不意味著細胞的分裂就此停止。實際上，所有的人體組織*一直在更新，每天都有新的細胞來代替數億個衰老而死亡的細胞。

至於神經細胞是值得注意的一種例外情況。每個人在出生時所擁有的上百億個神經細胞代表著一次性的儲備，而隨著時間的流逝，這些儲備不可避免地是會減少的。

間接分裂

間接分裂時，一個細胞分成兩部分：每個子細胞與母細胞相同。這個細胞完全相似是因為先前的染色體複製而產生的，染色體的複製使每個子細胞含有相同的遺傳物質。如果營養條件允許，這些子細胞又按照同樣的方法進行分裂。

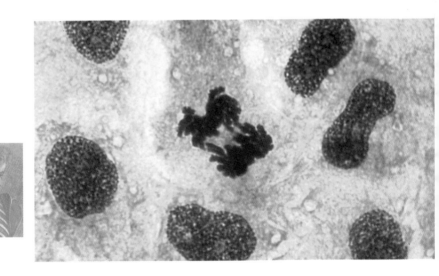

新皮膚

細胞繁殖的這個過程同時能夠補償因傷口所引起的物質損失，尤其是傷口上的皮膚。受傷以後，血小板發生凝固*機制，採取了阻止出血的措施，同時堵塞出現在管壁上的裂口。血小板*分泌出的分子能吸引白血球，白血球能抵抗傷口可能出現的感染。

血小板和白血球產生胞質分裂*以及其他物質，這些都能促進皮膚細胞的繁殖，而且使傷口的結痂癒合。

紅血球生存四個月，然後消亡；每天骨中的紅骨髓*產生大約二千億紅血球，以及十億五千萬個白血球。腸的黏膜*細胞僅有三到五天短暫的生命，因此人體每天要失去五百億的腸黏膜細胞。所以在幾天之內，整個腸黏膜便得到了更新。

癌

一個細胞不受控制，無限制地繁殖，因此引起腫瘤*。腫瘤的發現有早有晚，這時癌症出現了。腫瘤可以長得很大，有可能侵佔腫瘤生長旁的器官。癌細胞可以脫離最初的腫瘤，藉由血液循環附著到另一個器官，在那裡，癌細胞繼續繁殖，一直到形成第二個腫瘤，或是再轉移到別處。

正常的細胞是根據基因的命令而進行分裂。如果產生的細胞數量太多，這個命令就會停止；此外，來自於其他基因的一個信號會指示多餘的細胞自行消亡，這個系統能夠避免過多的細胞繁殖。癌症與這些異常現象是有相互關係的，這些基因受異常現象的影

23

人體

大部分的抗癌藥物都有阻止分裂的作用。不幸的是，這個作用不僅在癌細胞上產生，而且也對人體正常細胞產生作用，尤其對增長較快的細胞，例如血細胞或腸細胞。這就是為什麼這些藥物會導致消化失調以及血球比例急劇下降的原因。

響不受任何的控制，而一直進行分裂或是不再發出自行消亡的指令。細胞分裂調節的基因被改變了，因此細胞無秩序地分裂，而導致了腫瘤的形成。

隨著年齡的增長，得癌症的危險也增加。癌症的死亡率很高，在心血管疾病*之後，排第二位。然而如果較早發現癌症，就能夠治癒癌症。我們可以藉由外科手術摘除癌細胞，或是吃藥、採取放射治療消滅癌細胞。

眾所周知，某些因素會導致癌症：煙、酒、輻射、某些化學製品、某些病毒*（B型肝炎病毒、乳頭狀瘤病毒等等）。

腫瘤

從囊腫內部的形狀可以觀察到癌症腫瘤的現狀。

人體

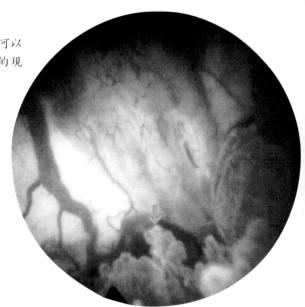

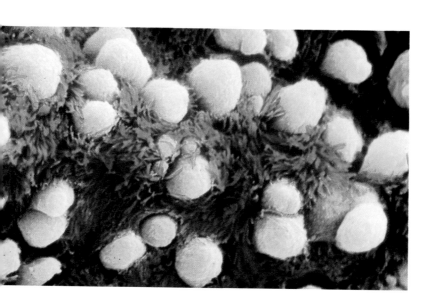

人類一直與微小的侵入者：微生物較量，人類必須長期地與這些微生物抗爭。在人類所採用的各種防衛方法中，最精確的方法就是免疫系統。

第一條防線

皮膚和黏膜*組成了較強的屏障來抵抗微生物的入侵。在呼吸器官裡，從不間斷的清除系統能夠排除灰塵和微生物。眼睛的表面很脆弱，經常是由流出的淚水以及有規律的眨眼（如同雨刷一樣），來清除眼睛表面上的任

呼吸黏膜

纖毛的運動是協調一致的，纖毛能夠把許多藉由呼吸器官攝入的分子排出。此外，黏膜表面的黏性分泌物上有凝膠和黏液，凝膠和黏液含有抗體，這些抗體能夠中和某些細菌，使這些細菌在外部被消滅。

25

人體

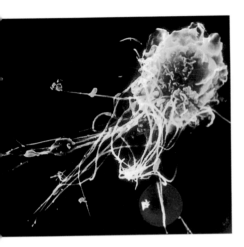

巨噬細胞

巨噬細胞（上圖）攻擊和消滅不屬於人體的細胞。

何雜質。人體的外分泌（眼淚、呼吸黏液、唾液）含有酶和抗體，酶*和抗體都能抵抗微生物的繁殖。胃液的酸度可以中和很大一部分攝入的細菌。

抵抗機制

如果一個微生物穿越了屏障進入人體（這是經常發生的），這時，免疫系統就會產生作用。在對人體外的成分進行中和以及消滅時，許多特殊類型的細胞在各種程度上組成了免疫系統：白血球。粒細胞和巨噬細胞（兩種類型的白血球）是第一批在最初感染的部位參與活動，粒細胞和巨噬細胞先吞噬*入侵者，然後再消滅入侵者。每次巨噬細胞都記憶著敵人的特徵：抗原，巨噬細胞把這些特徵和抗原向淋巴細胞（這是另外一種白血球，見第28頁）發出警報。淋巴細胞在微生物所具有的抗原刺激下參與活動，起來要消滅微生物，方式可以是由淋巴細胞直接消滅：這是淋巴細胞發揮殺手的作用；也可以藉由製造特殊蛋白質的作用：抗體。某些淋巴細胞所合成的這些大量蛋白質專門附著在抗原上，微生物上覆蓋了抗體，很容易就被消滅了。

淋巴細胞的活化和繁殖主要是在較小的淋巴結處進行，所以位於感染部位附近的淋巴結體積會增大，而且會感到疼痛。

抗原是任何一個細胞、微生物和某一個物質（藥品、毒素*）所特有的分子，而且可以由淋巴細胞來檢驗。淋巴細胞辨認出自己的抗原，也就是能辨認出屬於自己人體的，或是外來的、不屬於自己的抗原。遇到不屬於自己的抗原時，淋巴細胞會進行一系列的反擊，來消除帶有這個抗原的入侵者。

26

人體

其他作用

免疫系統抵抗人體外來異物所進行的活動在其他情況下也同樣會產生。在進行器官移植時，所移植器官的細胞抗原會被接受者辨認出是外來物，而導致移植排斥。當輸血時，應該注意到供血者和輸血者之間的相容性：帶有 A 型抗原的紅血球會被 B 型病人的抗 A 抗體消滅；同樣的，帶有 B 型抗原的紅血球會被A型病人的抗B抗體消滅。過敏時（見第83頁）所發生的問題是由於抗體抵抗一個抗原的反應，這個抗原可以是藥品、食物等等。

淋巴細胞

淋巴細胞能夠保留它參與抵抗一個外來抗原活動的記憶，因此，當這個抗原在人體重新出現時，淋巴細胞的反應會非常迅速而強烈。這個免疫系統的記憶可以解釋為什麼人們一般不會再罹患某些傳染疾病，如麻疹、腮腺炎等等。這個記憶也同樣是接種理論原理的基礎：注射的疫苗含有一個微生物的抗原，因此要讓人體學會抵抗這個抗原來進行自衛。

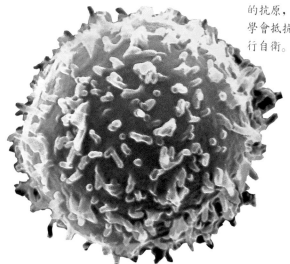

27

人體

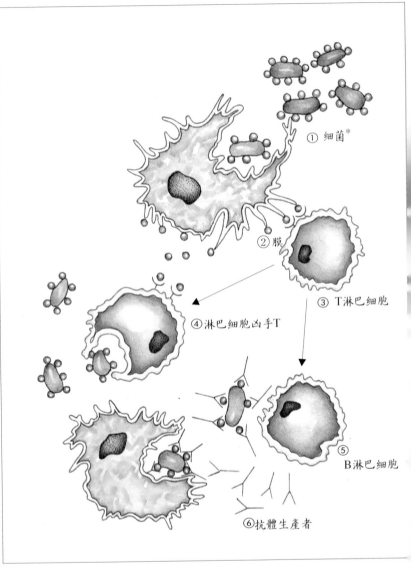

① 細菌*

② 膜

③ T淋巴細胞

④ 淋巴細胞凶手T

⑤ B淋巴細胞

⑥抗體生產者

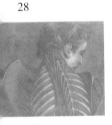

人體

免疫反應：細胞合作的典型

巨噬細胞把位於自身黏膜表面的抗原和細菌分開；巨噬細胞吸收、消滅和消化細菌。細菌抗原的出現構成一個信號，這個信號會刺激T淋巴細胞，使T淋巴細胞進行有利於T淋巴細胞、B淋巴細胞和抗體生產者的繁殖和一切活動。

每個人來自於兩個細胞的結合：一個卵子和一個精子；這兩個細胞一起生殖，而遺傳創造出一個新人。

　　每個女嬰出生時，在卵巢內擁有幾十萬個卵子，就只有這一次儲存。至於男孩子則從青春期開始，就有規律地在睪丸裡產生精子，一生中要產生出總共幾十億的精子。

　　女孩青春期到來時，受激素的控制會出現周期的變化。這個周期每月又重新開始，準備著生殖器官懷孕的可能性。子宮黏膜*增厚，（子宮內的）血管增大，已經準備好接受胚胎。周期的中間時期，由卵巢排放出一個卵子，沿著輸卵管*通向子宮。

　　如果這個卵子在通往子宮的途中遇到精子而受孕，形成胚胎：由一個細胞組成並迅速繁殖，這個胚胎就在已準備好迎接它的黏膜中棲身，這就是受精卵在子宮著床。

　　在沒有受精時，卵子消失，子宮黏膜在子宮頸，然後在陰道碎裂並消失；這種卵子消失現象就符合月經（周期）。

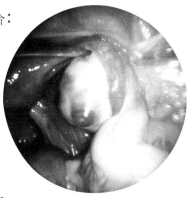

卵子

在出生時所擁有的幾十萬個卵子中，卵巢從青春期到停經時，以每月排放一個卵子的速度，僅僅釋放出三百到四百個卵子。卵巢淡紅部位（橢圓形狀）含有一個正要排放的卵子。

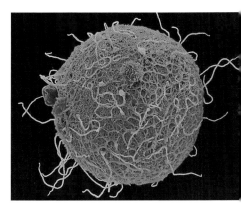

受精

如果卵子遇到一個精子，就是受精了。發生性關係時，排出的精子從陰道通向子宮和輸卵管。在排出的幾千萬個精子中，唯有一個精子能夠成功地進入卵子。

29

人體

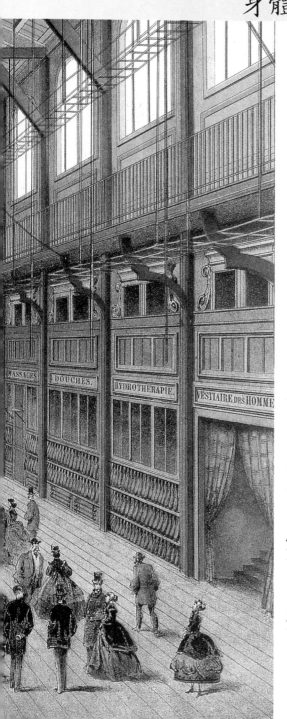

身體健康　情緒穩定

怎樣叫做健康？

營養：預防將來的每一天

體育活動

壓力和後果

怎樣叫做健康？

一般「健康」在字典裡簡單地定義為：「人體功能正常的狀況，無病。」然而，我們仍有必要確定「健康」的含義。人們習慣上把疾病看成是人體組織失調、人體組織功能減弱、有害於生活的品質（尤其是疼痛），以及引起早逝的危險。

實際上，要給「健康」下一個準確的定義是比較難的，因為即使無病，感覺身體健康或不健康也完全是主觀上的認識。不容置疑的是，身體健康並不僅僅等於沒有生病。對身體健康的認識意味著身體舒適，以及對生活的考驗和工作有獨特的功能，而這正表明了1946年世界衛生組織對「健康」所提出的定義。

健康並不是已得到一勞永逸的好處。我們每個人都該問一下，自己是否健康，而自己是否會長期健康，而且要知道為了健康可以做些什麼。關於這個問題，古時候已經提出了，那時人們已開始重視影響身體的食物以及體育活動；而這個問題在當今顯得更為迫切。各種客觀的方法（驗血等等）在某些時候可以大概估計出以後會得到哪些疾病的危險。

32

身體健康
情緒穩定

根據世界衛生組織對健康的定義：「健康並非僅是身體無疾病或無殘疾，而是身體上、精神上、以及社會生活上的完全良好狀態。」

有一個人，抽很多煙、血壓高*、血中脂肪過多，很多年以來，他並沒有感到任何不舒服，而且覺得身體非常健康。如果參考健康的定義：無病狀態，他的身體確實很健康。然而，他很可能有罹患心臟病或肺癌的危險。

因此人們得知了某些組織的異常狀況，以及一些可能引起疾病的典型行為（比如喜歡抽煙）。

簡單來說，個人的強弱（根據遺傳學的觀點，早已存在每個細胞中），以及由於外部自然變化（化學、物理、傳染）的因素，這兩種原因的結合引起了大部分的疾病。例如，癌症常常是致癌因子作用於預先遺傳在一個組織內的因子而引起的。

目前人們還不知道如何改變這個預先的遺傳。然而，只要人們稍微關心一下自己的健康，就應當盡力去了解可能影響疾病發展的因素。

因此，為了健康，人們會有迅速的反應（例如在飲食方面），並且避免有害於健康的習慣及行為，因為某些人是把健康置於一切之上的。

世界衛生組織認為健康是「身體上、精神上和社會上舒適完滿的狀況，而不僅僅是無病、無殘疾。」

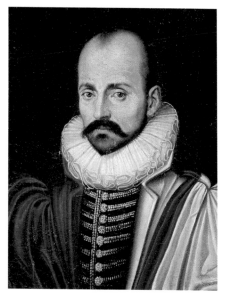

蒙田的健康觀

「身體健康是珍貴的，唯有健康才值得人們不僅僅要耗費時間、揮灑汗水、辛苦勤奮、花費財富，而且還要一生追求。」（蒙田）

33

身體健康
情緒穩定

營養：預防將來的每一天

營養是供給組織生長、細胞更新、各個不同器官*正常運轉所必須的基本成分，同時也是一種能源。

依照各個國家以及各自不同的傳統，飲食習慣的差別很大。但是所有的飲食習慣與整個人體的均衡是相調和的，準確地供給人體所需要的適當營養、足夠數量的能量（卡路里）和原料（蛋白質、碳水化合物、脂肪、水、礦物元素和微生素），才能達到人體的均衡。

在大部分工業發達國家裡，日常的食物既豐富而且多種多樣。我們應該從中攝取最好的部分，分辨出這些不同食物中含有的特性及可能存在的不足，以便平衡我們的營養供給。比如說，應該知道哪些營養物對細胞有保護的作用。某些食物含有這種營養物，而某些食物則缺乏這種營養物。當然，我們最好喜歡前一種食物而不是後一種食物。

乳製品

乳製品包括牛奶、乳酪和各種乳類產品：優酪乳、冰淇淋、各種乳香甜點。這些乳製品含有蛋白質、碳水化合物和鈣。它們的含量根據脫脂的程度而有所不同。奶油儘管是用奶製成的，但並不屬於乳製品，因為實際上奶油只含有脂肪，既不含碳水化合物，也不含蛋白質。

34

身體健康
情緒穩定

主要的食物

人體組織不可缺少的原料來自於動物食品（肉、魚、蛋、乳製品）、植物食品（糧食、

新鮮蔬菜和乾菜、水果、塊莖、油料植物）
和礦物質（食鹽、飲料水中的礦物質）。

蛋白質

蛋白質供給人體組織蛋白質合成（結構蛋白
質、酶、激素、抗體等等）所必須的成分(氨
基酸)、脫氧核糖核酸某些部分的合成，以
及供給能夠使細胞之間（神經介子*、胞質分
裂*）互相聯繫的分子。

　　此外，蛋白質供給了約15％的人體消耗
能量。在成長期間，蛋白質的需求是特別重
要的。

糧食

糧食含有豐富的碳水化
合物，而且擁有大量的
蛋白質；糧食是世界上
大部分國家主要的基本
食物。最常用的糧食有
小麥、玉米、稻米，還
有大麥、黍（粟）、高粱。

蛋白質的來源

蛋白質主要來自於:肉、
蛋、魚、乳製品、糧食
和糧食製品、大豆、豆
科（四季豆、豌豆、小
扁豆）。

35

身體健康
情緒穩定

碳水化合物

碳水化合物取自於含有澱粉的糧食、糧食製品、馬鈴薯、栗子（在馬鈴薯以前，人們大量食用栗子）和豆類植物。水果和奶類也都含有糖分。

碳水化合物

碳水化合物是構成葡萄糖*的主要來源，是細胞需要的碳氫化合物。因此，碳水化合物供給人體所需要的大部分能量。碳水化合物也構成某些複雜分子的成分，如細胞膜或脫氧核糖核酸的分子。

隱藏著的糖分

在白色粉狀和塊狀的糖中確定含有碳水化合物，然而在發達國家裡，許多工業生產的食品和過量消耗的食品中，同樣也能找到碳水化合物：如糖果、巧克力、果醬、大部分乳製的飯後甜點、糕點以及甜飲料（蘇打水、水果汁等等）。

脂肪

脂肪為組織的第二大能源。脂肪並不是立即能發揮作用，而是事先儲存在脂肪組織裡。脂肪組織*成了能源儲備，在日後需要時會發揮作用。

36

身體健康
情緒穩定

脂肪

人們可以在許多動物的油脂（奶油、豬油、鵝脂）或植物油（花生油、橄欖油、葵花子油、玉米油、高粱油，以及現在大部分的人造奶油）中找到脂肪。

在食物的燒煮和烹飪中加入和使用一定的油脂，每餐飯時，這些油脂就會增加過多的脂肪吸收。肉、蛋、魚、奶和奶製品（新鮮奶油、尤其是乳酪）、含油的水果（橄欖、核桃、榛子、杏仁、開心果、鱷梨）以及花生都含有不同比例的脂肪。

隱藏的脂肪

有許多食品乍看之下含有的脂肪並不明顯，像一些糕點、麵食（牛角麵包、奶油麵包等等），冰淇淋、開胃餅乾。

身體健康
情緒穩定

此外，脂肪是有生命物質的主要成分，尤其參與細胞膜和細胞單元膜（見第8頁）的合成，來轉化某些激素以及神經的構造。

各種維生素

除了維生素D以外，人體不能合成其他維生素，而只能從食物中得到足夠的維生素。維生素不是能源，也不是人體構造的材料，但是這些維生素的存在是無數次化學反應所必不可少的；經由這些化學反應，人體得以生長和繼續存在。這些維生素同時也產生保護細胞結構的作用，而且使各種不同組織*的功能正常。

人們知道維生素缺乏的後果：壞血病是由於缺乏維生素C所引起的，而缺少維生素D會引起佝僂病。在發達國家中缺乏這兩種維生素是很少見的情形，因為由各式各樣即充實又豐富的食物，例如新鮮蔬菜和水果、糧食、肉和蛋、奶和奶製品等等，人們可以得到各種維生素。

人們對各種維生素的功能較為熟知，然而人們更應認識到，並不是嚴重缺少某些維生素，而是稍微缺少某些維生素，就長期來說，也會產生有害的後果，減弱抵抗感染的防禦能力，容易導致癌症以及心血管疾病。因此注意攝取這些含有主要維生素分子的各種豐富食物，總是很有益處的。

維生素D或抗佝僂病維生素

過去，人們讓小孩大量地吞吃魚肝油以避免罹患佝僂病。的確，魚油、奶油和蛋黃都含有這種能夠增長和形成強壯骨骼的維生素。多虧有了紫外線的作用（見第85頁），人體組織也能合成一定數量的維生素D。

38

身體健康
情緒穩定

礦鹽

在所有的食物中，都含有不同數量的礦物元素：氯化鈉、氯化鉀、鈣、磷、鐵和鎂等。

鈣在骨骼結構中發揮了首要的作用，而且促進骨骼結實。鈣也積極參與細胞的運轉以及神經衝動的傳遞。

貯藏在骨骼裡的鈣應該在青少年時期儲備完成後，就維持原狀。對婦女來說，主要是避免今後的骨骼脆弱及過多的骨折危險（涉及骨質疏鬆症）。因此，一生中的任何時期，尤其是童年和青少年時期，鈣的攝入量都應該充足。奶和奶製品是鈣的主要來源，而在某些蔬菜和飲料中也都含有少量的鈣。

微量元素

就像微量元素的名字所表示的，這是存在人體裡數量較少的礦物元素。然而這些元素是必不可少的，它們促進許許多多酶*的作用，而且防止組織*受到逐漸的損壞，是保護元素。足夠數量的鋅、銅、硒以及其他的微量元素，一般是由豐富而多樣化的食物來提供。

鹽

用各種不同的方法獲得的食鹽一直是重要的商業食品，那是因為人體每天必須要消耗一定數量的食鹽（人體從汗水和尿中會失去鈉），尤其是因為食鹽能增加食物的美味。而人們一般消耗的食鹽比所需要的多出三至四倍。

39

身體健康
情緒穩定

Bougeons pas ! Dieu ! qu'elles soot fraiches et roses, depuis que leur maman leur fait prendre 20 gouttes de véritable **Fer Bravais** à chaque repas.

鐵

鐵在血紅蛋白的組成及氧氣的傳送中發揮主要的作用。大量的缺血會引起貧血，也就是紅血球大量的減少，因此供給組織*的氧氣可能會減少。如果缺乏鐵，當人體遇到感染時會變得虛弱。菠菜的含鐵量很少，正好與人們所認識的相反；確切地說，應該從肉、魚、奶製品、蛋以及乾菜中獲得鐵。

身體健康
情緒穩定

水

人體絕對不能缺少水：人們可以絕食，但是不能不喝水。確實，人體一直在失去水分(從尿中、呼出的空氣中、腸道中、出汗中)，因此必須迫切地來補償這些損失。大約人體需要的一半水分從我們攝取的食物中得到補充：各種不同的食物含有50％至90％的水分，其餘藉由飲水來提供。至於其他任何一種飲料，都不含有任何特殊的營養。

能量需求　熱量分配

人體每天消耗一定的能量來滿足三種類型的需求。

　　基礎代謝：也就是人體處於休息狀態時最小的運轉 (呼吸、心臟收縮、蛋白質的合成*等等)。這些不能壓縮的消耗量可能取決於遺傳，而且根據每人的狀況有很大的變化。這些可以說明為什麼肥胖程度相同時，有的人飯量大，而有的人飯量小。

　　產熱作用：這個詞語指出為了持久維護體內溫度所產生的熱量，同時又指出在消化和儲存營養*時所產生的熱量(無論外界的條件如何)。

能量需求

根據不同的性別、不同的年齡，每個人每天所需要的能量有很大的不同。同一個人，他所需要的能量會因體力活動和外部溫度而有不同。以前一位勞動者所需要的卡路里量比現在要多得多，那時來來往往的行走和勞動所付出的體力消耗明顯地要大得多。

體力活動：按照專業活動的性質不同、用於一項體育活動的時間不同等等，每個人每天所需要的能量有很大的不同。人體需要的能量首先由碳水化合物、脂肪以及蛋白質來供給。消耗能量的單位是用卡路里或焦耳來表示，因此我們使用這些單位來指明食物中卡路里的值，也就是食物中含有的能量。

營養不良

世界上有數百萬的人營養不良：也就是熱量不足與缺乏蛋白質是有關的。兒童營養不良會導致成長緩慢以及遇到感染時變得很脆弱。

41

身體健康
情緒穩定

脂肪(9 kcal/g 或 38 kJ/g)的能量比碳水化合物和蛋白質(4 kcal/g 或 17 kJ/g)要高得多,一般工業食物製品的卡路里值會標示在包裝上。

如果食物能恰當地得到平衡,碳水化合物是卡路里主要的來源（消耗的50%至55%能量應該來自於碳水化合物)。在各種碳水化合物的來源中,我們一般應該比較喜歡糧食含澱粉類食物和豆科植物（也就是豆類作物)。

與肥胖抗爭

食物中卡路里的含量太高是導致肥胖的原因。肥胖是指比正常條件下的年齡、性別、身高的理想重量要高出20%。在生活水準較高的國家中,肥胖病患者的數量一直在增加。大約十個兒童中就有一位是肥胖病患者,而有一半的兒童在成年後成為肥胖者。此外,肥胖容易引發許多疾病:心血管疾病*、糖尿病*、呼吸困難、關節損傷。

在工業化國家裡食物均衡失調

在發達國家裡,因攝入過量的脂肪和碳水化合物而產生的能量供給,經常是大為高於消耗,這個狀況主要與現代化的生活有關。現代化的生活減少了以前由於來來往往走動、家務事、體力活動、取暖的困境等等所消耗的能量;況且食物比以往更豐富又更便宜,而普遍存在的廣告使不含卡路里的食品有很大的吸引力。

再說,甚至在正常的卡路里含量中,脂肪部分,尤其是來自於動物的脂肪（肉、奶製品)含量是很高的,佔我們食物中的40%。

42

身體健康
情緒穩定

然而脂肪的攝取不應該超過30％，這個過量會引起血中脂肪，尤其是膽固醇*比例增高，而導致心血管疾病*的發生。

總之，優先攝入脂肪和碳水化合物，食物中就缺少水果和蔬菜，缺少了不可代替的各種維生素的來源——首要的維生素，也就是維生素C和食物纖維。不食用這些食物，也就失去了各種維生素和纖維素所產生的保護作用，也就是無法防禦人體衰老、預防某些癌症和心血管疾病*的發生。

四個奇異果 = 250 mg
　　維生素C

在新鮮的水果和蔬菜中含有豐富的營養，足以供給我們所需要的大量維生素C。

改善食物

攝取各式各樣不同的食物，包括來自於植物和動物的各種不同食物，不偏愛某些食物而非斥另一些食物，這樣才能達到食物均衡。

愛斯基摩人的飲食

魚是一種優良食品，就魚所含的脂肪來說，常常代替我們的肉類。愛斯基摩人的海洋食物是非常豐富的，但是他們罹患梗塞*的疾病比起鄰族要少得多，因為他們的鄰族是食用西歐類型的食物。

43

身體健康
情緒穩定

食物纖維

這些較粗的碳水化合物分子，如纖維素，存在於植物中，在腸中不能被毀損，因此也就不能被吸收。這些較粗的碳水化合物分子促進腸內食物的通過，防止便祕。此外，人們認為由於纖維素的組織複雜，減少了大腸癌症發生的危險。同時纖維素也減弱了腸內脂肪的吸收，更加能抵抗心血管疾病*的發生。

44

身體健康
情緒穩定

人體應該從含有額外營養的食物中獲得卡路里。喝半公升的汽水可以滿足能量的需要，然而並不能提供人體其他有用的營養*。

我們應該經常吃這些食物：糧食和麵包、乾菜、魚、水果和蔬菜。

其餘來自工業生產的食品（甜飲料、糖果、冰淇淋、蛋糕）並不能滿足人體需要，所以最好不要經常吃這些食品。

在三到四餐飯中，必須均勻地吃各種的食物，尤其不能忘記早餐。

在每餐飯之外常吃零食是非常不好的，尤其是這些零食往往營養不高。

遊戲、搏鬥、自制力、健康

在任何時期以及任何地方，人類從各式各樣的體育娛樂活動中，已尋找到把競爭本能中的玩耍愉快和考驗身體運動機能的願望結合起來的方法。在這些遊戲娛樂之外，體育活

體育

參加體育活動能夠更加了解自己在平衡、柔軟度、靈活、力量、運動中的協調和耐力方面的能力，並且能從中改進這些能力，促進激勵和競爭。

45

身體健康
情緒穩定

游泳

游泳是一項很好的體育活動，這項體育活動促進整個肌肉協調性地發揮作用（尤其是支撐脊柱的肌肉，這個部位的肌肉能夠抵抗背部的疼痛），也能促進心臟和呼吸的功能。

動還包括許多其他的擔憂：由於想要發揮各種能力而引起精神上的擔心，例如力量、耐力、勇敢；軍事上的擔憂與增強體質以便能參加戰鬥有相互的關係；由某些文化所引起的哲學上擔憂；在某些文化中，身體的調節成為主要的生活準則，例如東方文化中的武術；以及為了保持良好身體狀況而引起的醫療擔憂。

當前在工業化的國家裡，經常從事體育活動是非常普遍的，例如體操、步行以及冬季體育活動等，參加者越來越多。確實，現代人主要生活在城市，有著遠離大自然的苦惱，意識到沒有充分發揮自己體力的能力。機械化的交通使來來往往的走動不太費力，大部分的家務事、手工或是專業工作都由機械化代替了。隨著壽命的延長，必須要保持身體組織的良好狀況，盡可能使身體組織能夠長期地正常運轉。

此外，從事體育活動一般會覺得舒適而且產生自制力，自制力對於個人自我的均衡是非常重要的。

總之，經常從事體育活動，尤其是團體的體育活動是一種消遣、一種休息，對身體來說，這是很有用的，也是愉快的娛樂時光。

46

身體健康
情緒穩定

經常從事體育活動能改善身體情況或是保持身體健康，同時抵抗肥胖，避免肌肉萎縮，防止骨骼脫鈣。對有關的疾病，可以避免高血壓和防止血中脂肪比例增高。所有這一切努力都有助於預防心血管疾病。

歷史發展

在古希臘時代，體操曾受到極大的重視，這可以從公元前 776 年以來，奧林匹克運動會的定期舉行得到證明。中世紀時期，體育活動主要是在軍事訓練中展開的。文藝復興時期，隨著重新發現古代文化，體育活動再度受到重視，具有遊戲和醫療的作用；體育活動成為學校的一門課程，融入教育大綱中。然而到了十七世紀又消逝了。到了十八世紀，體育教育又重新恢復而且受到重視。在十九世紀時，體育教育開始走上正軌。1869 年，在法國的中學，體操成為必修課，重點在於增強人體心臟、呼吸、運動等主要功能。

　　人們現在對體育的觀念，源自於十七世紀的英國。體育活動在英國得到發展，同時伴隨著橄欖球俱樂部的創建、滑船運動、田徑運動競賽，以及學校之間網球競賽的建立。法國體育活動組織的出現較晚，大約在十九世紀後期，尤其是在皮埃爾・庫貝丹的推動下，他是恢復1896年奧林匹克運動會的倡導者。

體操和古代人

古時候，並不僅僅要使未來的戰士適應戰爭，而且要訓練他們接受戰爭的考驗。由希波克拉底和其他希臘醫生所設計的體操，就如同是一種用來保持身體健康的方法。保持身體健康是由一位內部平衡學者所提出的。

身體健康
情緒穩定

訓練的必要性

對那些想要改進自己體育成績的人來說，在專業運動員和醫生監督下的訓練是必不可少

的。這樣的訓練可以逐漸使身體適應越來越強化的活動，或是難度較高的活動。尤其是在心臟、循環和呼吸方面，唯有訓練能增強身體的能量。身體需要提供肌肉足夠的氧氣，而從事運動需要大量的氧氣。重複進行一些動作，這些動作將會做得更快也更準確，例如大部分的藝術創作活動或是手工操作活動，藉由這些動作可以調節神經系統，同時也增強身體的靈巧和靈活性。

耐力運動

耐力的增強必須是心血管器官和呼吸器官的能力得到調適，只有經過嚴格的訓練才能獲得這方面的調適。

體力的調適

運動時間長，肌肉產生激烈的活動，而且消耗許多能量；可以說肌肉消耗了許許多多的葡萄糖和氧氣（見第9頁）。氧氣供給的增加帶來了很多的變化：心跳和呼吸頻率增快、每次心臟收縮排出的血容量增加，以及肌肉從血中提取的氧氣量增大、血液優先流向肌肉而暫時忽略那些不太重要的器官*。這時，由先前攝入含有豐富碳水化合物的食物所合成的糖原儲量會供給葡萄糖*。

身體健康
情緒穩定

身體產生的這些變化是非常有益的，鍛鍊使心臟排出的血容量大為增加。運動時間長時，有耐力的身體供給肌肉的氧氣比沒有耐力的身體所提供的氧氣多一倍。

如果身體事先沒有調適的話，持久運動會迅速引起氣喘、心跳頻率過分增高、胸痛，以及任何一點的問題就會引起身體的不適。

步行

不是很喜歡體育活動和體操的人可以經常步行。步行是一項有益的活動，可以保持骨骼組織*的強壯，促進大腿部位的循環，除掉一些可能過多的卡路里。然而跑步或騎自行車要比步行消耗更多的卡路里。

醫療監督的好處

一個人的身體條件必須能適應各種環境的要求，否則人體主要的功能可能會減弱，尤其是心血管器官。

從事體能活動或是體育活動之前，應該先徵求醫生的意見，然後再經常從事這項活動。醫生的作用是探索可能出現的不正常，因為不正常會使得所從事的這項活動變得危險或繼續這項活動很危險（人們稱為：禁忌症）。競賽中的體育活動，例如海底潛水運動

身體健康
情緒穩定

興奮劑

用蛋白合成激素進行的某些療法，是不正當地改變體質來使肌肉力量和物質增加，這些違法的療法對運動員是非常危險的。使用一些興奮劑也同樣危險。這些興奮劑的目的，是以人為的方式來改進體育成績。

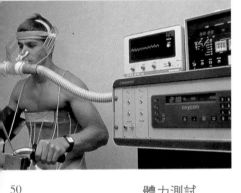

50

體力測試

可以在運動激烈時，研究心臟的狀態，以便使人們注意到在體力調適中可能會出現的一些異常狀況。

身體健康
情緒穩定

這類的冒險體育活動，在法國必須要進行醫療監督。這項醫療監督還非常受到推崇，甚至不參加競賽的體育活動也一樣要進行醫療監督。此外，參加俱樂部或健身中心，常常要取得可從事體育活動的醫療證明。

　　幸運的是，在兒童和青少年中，某項體育活動的禁忌症是罕見的。然而對成年人來說卻不一樣，尤其是那些抽煙的人、肥胖者、糖尿病患者等等，當他們從事激烈的活動或運動時間較長時（例如炎熱的夏天打網球、慢跑），可能會有罹患心血管疾病的危險。

　　相反的，也許在醫生建議下進行一項合適的體育活動有利於糾正某些異常狀態，例如游泳就是一項極佳的運動，可以糾正脊柱的某些缺陷或是膝蓋肌肉組織某些機能的不健全。

壓力和後果

壓力現象是身體面對受威脅的情況作出反抗的一種回應；而身體會同時盡力適應這種狀況。這種回應的表現是個人正常的反應，它使身體能運用智力和體力，以便盡力應付由不尋常事件所引起的問題，並找到新的平衡。壓力反應完全是生理上的，有時被稱為「全身適應性反應」，在動物界也同樣觀察得到這種壓力反應。這個過程是在各種變化中實行的，因此身體會運用各種能力來對付所面臨的危險或是在敵人面前逃跑。和平時期，在現代社會的條件下，壓力原因的性質是不同的。個人承受的威脅往往是心理上的而不是身體上的，然而這些威脅同樣的會引起身體上的變化和反應。

由於語言的濫用，人們常常把「壓力」稱為身體反應起因時的狀態；人們稱之為處於某種狀態，或是承受了某種狀態，比如考試時、家庭內部之間的爭執或是與老師爭執、受到攻擊時、遇到事故時、親人或親戚去世時。

如果一個人常常處於這種引起壓力的狀態下，又不能夠找到合適的解決辦法，隨著這種狀態的經常發生，他就可能會感覺到憂慮和各種的混亂。

恐懼——一種壓力
的狀態

恐懼，解釋為憂慮，隨著各種混亂（發抖、出汗、心跳頻率增快等等）而出現，是一種典型的壓力反應表現。

51

身體健康
情緒穩定

壓力反應

身體健康
情緒穩定

面對著威脅，壓力反應
就是由大腦組織起來的
一系列變化，要採取一
種合適的回應。中樞神
經系統發出釋放腎上腺
素的命令，腎上腺素注
入血中會引起心跳頻率
增快和血壓增高。由於
下丘腦 * 和垂體 * 的作
用，大腦開始突然增高
血中可體松 * 的比率。
腎上腺素和可體松有利
於細胞能量的產生。此
外，能加倍引起大腦活
動的警惕性，但是也同
樣引起更多的憂慮和害
怕。所有這一切主要在
於加強注意力和判斷力
的作用，使身體處於最
佳狀態，夠制定和實行
最有效的回應，而這個
回應有可能是逃跑！

焦慮發作

過分引起壓力的某個事件（由於緊張程度和突發性）可能會令人產生不安全和焦慮感，而且難以控制，甚至伴隨或多或少令人難受的感覺：呼吸困難、脈搏增快、感覺暈眩、不適的感覺、發抖、腸陣痛等等。

　　由於壓力反應，正常情況下神經和激素的變化所引起的後果導致了這些症狀，這些症狀還會繼續地使已有感受的人（例如無由地害怕會罹患呼吸或心臟疾病）感到焦慮。

即使沒有發生強烈的壓力狀態，然而由於經常發生的某些壓力狀態，可能會引起精神與身體疾病*，例如胃潰瘍、哮喘和某些皮膚病就是在這種情況下所產生的。偏頭痛和許多消化毛病（腹脹、疼痛等等），也常常源於壓力。

怎樣對抗憂慮？

無論是怎樣的壓力狀態，要儘量地減少因壓力所引起的心理上和身體上的影響。首先，應該向周遭的人（親人、朋友、工作中的伙伴、醫生等等）推心置腹地敞開自己的憂慮，周圍朋友的傾聽、關注和善意，總是能舒解因壓力所引起的緊張；相反的，如果是孤獨一人，則會更覺得緊張憂慮。因此人們只要傾聽他（她）的敘說，就會給他（她）帶來許多令人料想不到的好處。

53

身體健康
情緒穩定

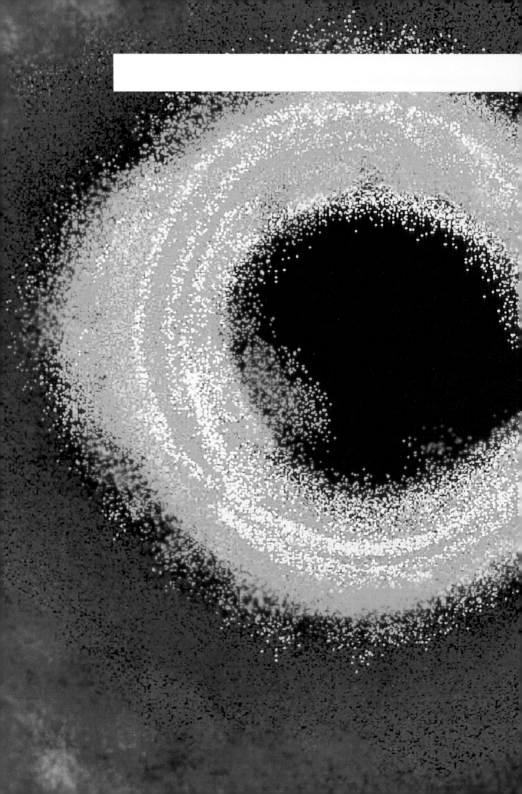

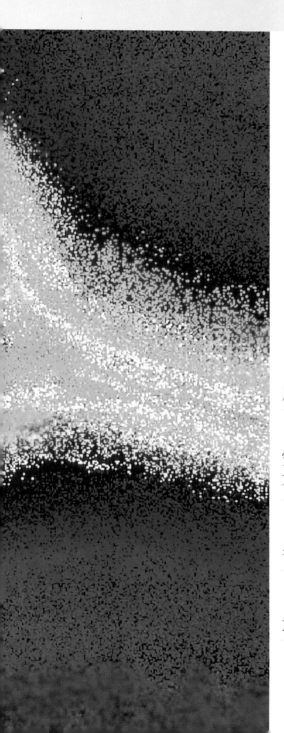

感染和性傳染疾病(MST)

愛滋病和人類免疫
不全病毒引起的感染

毒品、酒精、煙

意外事故和創傷

感染和性傳染疾病(MST)

人們長期以來一直與各式各樣的微生物接觸，其中大部分的微生物是無害處的，但是有些微生物卻非常危險。在正常情況下，即使有大量的細菌生存在皮膚和黏膜表面上，並不會引起疾病；甚至有些細菌 * 也很有用，例如腸細菌（見第2頁）。只有當這些細菌鑽入人體內部時，才會引起身體不適，例如腸細菌侵入了膀胱，就是尿道感染的起因。

　　大部分可能感染我們的微生物來自於外部（水、食物、動物和人們受傷時所使用的物品），當然還有所接觸到的每個人。確實，許多微生物只存在於人體內，而且由一個人體傳入另一個人體。

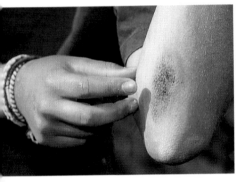

皮膚——有效的保護作用

皮膚一直發揮強有力的保護作用。微生物僅能利用皮膚受傷時，才能鑽入組織內。皮膚可能會被抓傷、切傷、燙傷，以及有傷口；如果遇到咬傷或刺傷時，微生物的感染*會更加危險。

56

身體受到威脅

由微生物所引起的感染

皮膚和黏膜構成抵抗細菌和病毒*的屏障，然而細菌和病毒能夠穿越這層屏障而侵入人體。健康的皮膚是較難穿越的屏障，然而黏膜卻不難穿越，因為黏膜是比較脆弱的；儘管黏膜擁有堅固的防衛措施，但是黏膜的防護也是很弱的。尤其是喉嚨和呼吸道的黏膜，甚至沒有任何接觸，微生物也常常侵入而引起傷風、咽喉炎、支氣管炎以及流行性感冒；對健康者來說，這些感染往往是無關緊要的。

有時，入侵物比較可怕，比如肺結核桿菌。

呼吸黏膜尤其無法抵抗傳染因子，那是由於抽煙、空氣污染或是過敏引起的刺激，而損壞呼吸黏膜。如果這些多種因素同時入侵，那就會更加損壞呼吸黏膜。

某些傳染因子入侵人體後能到達生殖器官的黏膜。這些微生物會出現在已受到感染的人體分泌物中或生殖器官的黏膜中，在性交時，這些微生物會感染性伴侶。正是因為這個原因，這種類型的微生物所導致的感染被稱為性傳染疾病或MST。

來自食物的感染

由於病毒*（如脊髓灰質炎*病毒及A型肝炎*病毒）、細菌*（如傷寒*），或是由於寄生蟲，如阿米巴（上圖照片）穿過腸黏膜而引起感染，這些寄生蟲感染世界上數百萬的人。微生物存在於食物內，最常見的是存在於水中，因此從食物和水中侵入人體的微生物會導致感染。

57

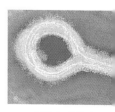

身體受到威脅

大部分的微生物對熱很敏感，燒煮食物可以破壞或消滅食物中的微生物。正因如此，所以人們要煮牛奶，這是繼路易‧巴斯德的告誡之後所遵循的一種方法，也就是巴斯德氏消毒法。

微生物在人體內變成了什麼？

一般要經過一段時間才會感染，在這段時間沒有發生可以察覺到的症狀，人們稱為潛伏期。根據微生物的不同性質，潛伏期的時間有很大的不同。微生物在這段時間裡繁殖，而且準備侵襲人體。

當免疫系統迅速干預並對入侵者進行中和時，有時會什麼也沒有發生。幸好，一個小傷口並不一定會引起感染！

然而有些時候會發生疾病。發病的可能性取決於感染因子的性能和數量的多少，以及免疫防禦的狀況。眾所周知，即使是一個非常健康的人，免疫防禦的效果也會根據疲勞和壓力等等現象而有所不同。

然而，疾病並不總是很嚴重。人體的不適常常是輕微而短暫的，因為免疫系統終於成功地動員起來而且戰勝了病毒；有時甚至會完全沒有察覺受到感染。比如，三分之二以上由於 B 型肝炎所引起的的感染就是如此。

有時候感染確實很厲害。如果受到侵襲的組織發炎以及微生物分泌的毒素*發生作用，這時的感染症狀會很嚴重也較持久。如果沒有適當地加以治療，會引起嚴重的身體不適，有時甚至會導致死亡。

健康的牙齒

在工業化國家裡，齲齒是非常普遍的。這是由於攝入的糖分，尤其在每餐飯之外所攝入的糖分，長時間殘留在牙齒內。牙床的細菌把糖分變成酸，酸又侵蝕牙釉質。經常刷牙以及使用氟就能夠防治齲齒。

58

身體受到威脅

「預防重於治療」

顯然的，要保護自己免受感染，而且不遭受這些感染的後果，那就要避免感染因子侵入人體，也就是要注意身體衛生、口腔衛生、牙齒衛生（許多全身性的感染都是從牙齒開始的），以及傷口消毒的重要性。

當可以預見到感染的危險時，同樣要適當地加強由皮膚和黏膜所組成的天然保護，以及「人造」屏障，這就是手套、外科醫生的面罩和保險套所發揮的作用。

預防接種

預防接種活動的開展，在預防傳染性疾病方面獲得決定性的成果。比如天花，一直到1960年，世界上仍有數百萬人死於流行性疾病天花，現在天花已從地球上消失。然而在預防接種方面，科學技術對某些微生物仍然顯得無能為力。像愛滋病的病毒*以及造成瘧疾*原因的寄生蟲，現在還沒有任何疫苗可以預防這兩種疾病，這是令人觸目驚心的例證。

從事園藝時的防護

當人們從事園藝勞動時，尤其是在栽種玫瑰以及其他帶刺的小灌木時，最好是戴上手套。

59

身體受到威脅

衣原體感染對男性會引起尿道炎*，而對女性的感染往往較少有明顯的症狀，但是會潛伏性地發展為輸卵管疾病的危險；可能會引起嚴重的併發症，造成輸卵管堵塞而導致不育症。及時治療好衣原體感染就不會導致併發症的產生。

性傳染疾病(MST)

確切地說，當異性伴侶或同性伴侶之間發生性關係時，就會產生感染。由於微生物會藉由性交傳染，其中的一位性伴侶就受到了感染。

這些疾病可以使生殖器官出現或不出現症狀。當有症狀產生時，很容易地能覺察出疾病並加以治療；然而並非總是如此，因為像B型肝炎病毒和人類免疫缺乏病毒的感染初期，就沒有引起明顯的病變。

受感染者的第一結果：他自己成為傳染者。因此面對可能感染的這些疑惑或相關的症狀，首先就一定要使用保險套以保護性伴侶，並且馬上去看醫生。

淋病

這些兩個兩個並列在一起，像「咖啡豆」般的微生物所引起的疾病稱為淋病。這些微生物在男性體內會引起尿道炎，而在女性體內所引起的症狀則不太明顯。淋病很少會出現併發症，對淋病的治療也比較容易。

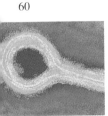

身體受到威脅

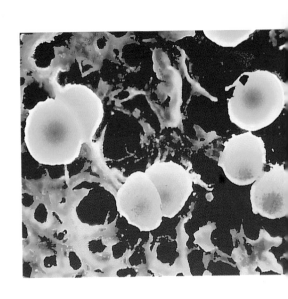

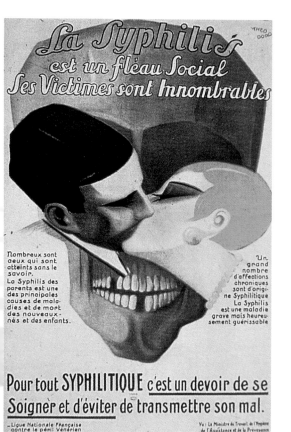

梅毒

梅毒在上一個世紀造成很大的破壞性，一直到抗菌素的出現才能治療梅毒。感染後的第一個症狀是在生殖器官發生病變，叫做下疳，下疳要幾個星期才會癒合。然而如果不加以治療，細菌會在組織內擴散，而且幾年以後或是更久之後，這些細菌會引起各種不同器官嚴重的失調（特別是神經系統）。現在治療梅毒很容易。

受感染的主要症狀是：生殖器官出現紅斑點、發癢、灼痛以及任何一種疱疹。男性患者在排尿時感到灼痛，或尿道口排尿異常；對於女性患者來說，發生性關係時如果有疼痛感以及陰道不正常出血，就應該去看醫生，以便醫生能診斷出病因，採取必要的治療方法。如果需要的話，即使沒有任何症狀，性伴侶也同樣要進行治療，因為可能已經接觸到微生物。

念珠菌（假絲酵母）是在顯微鏡下觀察到的活真菌，在正常情況下，陰道黏膜上有少量的念珠菌。有時候念珠菌會過分地增殖，並且引起刺激，在外陰部會有難受的發癢以及白帶的不正常。在這種情況下，念珠菌可能會傳染給性伴侶。

61

身體受到威脅

B型肝炎的病毒可以藉
著性途徑傳播。現在已
有疫苗能夠預防這種感
染因子（見第91頁）。

總之，應該常常記住：保險套不僅僅能
夠抵抗人類免疫不全病毒，而且也是預防其
他性傳染疾病的最佳方法。

性傳染疾病和子宮頸癌

某些性傳染病毒以及抽煙會導致子宮頸癌。
進行特殊的婦科檢查：子宮頸陰道抹片時，
能察覺出子宮頸癌發病之前的一些異常現
象。如果在這個階段加以治療，可以避免發
展為癌症。當年輕女子開始有性生活時，就
應該定期進行子宮頸陰道抹片檢查，以便能
夠發現所有可疑的異常現象，並對這些可疑
的異常現象進行治療。

疱疹

這些眼皮上的小水疱是
由於疱疹病毒引起的。
生殖疱疹病毒會在生殖
器官上引起相同的症
狀。病變將在十幾天內
消失，但是病毒會繼續
存在於體內，並且不時
地會重新發作。當生殖
疱疹發病期間發生性關
係時，疾病就會傳染。
目前還沒有徹底根除的
治療方法。對於婦女來
說，如果在分娩時疱疹
發作，就會有感染新生
兒的危險。

62

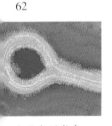

身體受到威脅

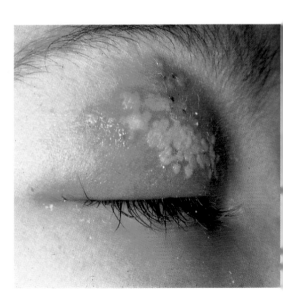

愛滋病和人類免疫不全病毒引起的感染

愛滋病意指「後天免疫不全症候群」，表示人體免疫防禦功能徹底失效，人體對許多感染因子以及某些癌症的發展變得無力抵抗。「後天」這個詞說明了患者的這種無力抵抗並不是天生的，而是由外來的因子所引起的。這個因子是一種病毒，由於它所產生的影響，而被稱為人類免疫不全病毒或是用 VIH* 來表示（英語用HIV來表示）。愛滋病的發現並不是人類免疫不全病毒引起的直接後果，連續幾年血清反應陽性*的這個階段是受到感染和形成免疫不全的一個時期。人類至今仍不能確定所有的血清反應陽性者都會發展為愛滋病。

人類免疫不全病毒

人類免疫不全病毒是直徑為千分之零點一毫米的病毒①。這個病毒進入人體後，便附著在某些細胞膜上，然後再進入細胞內部。受感染的細胞主要是淋巴細胞②（也叫做T4）和巨噬細胞，這兩種細胞都屬於免疫系統（見第26頁）。人類免疫不全病毒在這些細胞裡繁殖，並且毀壞這些細胞，而漸漸造成免疫不全。

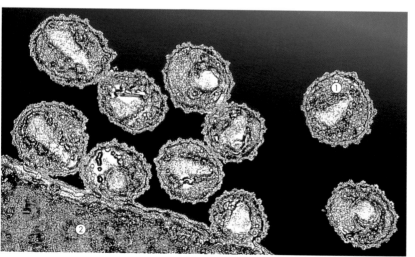

63

身體受到威脅

當需要輸血時，一些志願者捐出他們自己的血液。由於幾個已受感染的捐血者血中帶有病毒，在還沒有採取一些措施來完全除去這種感染的危險之前，許多人在輸血時受到了感染。自從1985年以來，人類免疫不全病毒感染的可能性是非常小的（大約為五十萬分之一）。

人類免疫不全病毒是怎樣感染？

受感染者的血中和性分泌物中擁有許多的病毒。在與帶有病毒的性伴侶發生性關係（同性戀或異性戀）時，人類免疫不全病毒就會進入人體（黏膜並不成為足以應付的屏障）。傷口接觸到沾有受感染者血液的器具，這時傷口同樣會受到感染，這也說明有毒癮的人受到病毒感染，是因為他們使用同一個注射器（使用過的注射器內總是殘留著一點血）。

然而在擁抱、撫摸或握手時，並不會感染這種病毒，與感染者一起用餐也不會感染。自從這個疾病存在開始，成千上萬與帶有人類免疫不全病毒者接觸的醫護人員和家庭成員，在以上所說的情況，他們之中從沒有任何一人受到感染。在游泳池、盥洗室、被昆蟲叮咬、抽血或捐血（使用的器具應是無菌和一次性使用的器具），總之在具有高度衛生水準的國家裡，並沒有感染病毒的危險。

64

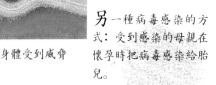

身體受到威脅

另一種病毒感染的方式：受到感染的母親在懷孕時把病毒感染給胎兒。

怎樣保護自己？

有毒癮的人採用靜脈注射的方法吸毒，任何人在任何情況下也不應該使用他們的注射

器。除了這種情況以外，唯一與病毒感染有關的是發生性關係。唯一有效保護自己的方法就是使用保險套。保險套抵禦人類免疫不全病毒以及其他性感染微生物；此外，保險套也是一種較好的避孕方法。

保險套

當前唯一能夠有效抵抗人類免疫不全病毒的保護措施就是使用保險套。

血清反應陽性

受到感染後六星期至六個月，藉由抽血化驗，就可以在被感染的人體內辨認出病毒的存在，尋找到免疫系統產生的抗免疫不全病毒的抗體。在人體內有這種抗體的人稱為「血清反應陽性者」。血清反應陽性並不意味著罹患疾病，因為人體能夠在許多年裡，抵抗這種病毒，而沒有明顯的不適。然而血清反應陽性者意味著已受到了感染，必須要使受到感染者知道，如果他是血清反應陽性者，表示同時他已經受到了感染，要避免感染給其他人，同時醫生要觀察感染發展的狀況。

感染以後的發展狀況

受到感染以後，在一段時期，感染者也許沒有表現出不適，也或許會有一些不適。1970年底，在已受到感染的這些人當中，有些人並非總是缺少免疫。根據每個受感染者的情況，潛伏期持續的時間會有很大的不同，甚至在沒有治療的情況下，潛伏期平均為十年。

65

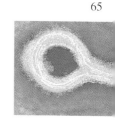

身體受到威脅

在法國和全世界有關免疫不全病毒的情況

從1980年代開始人類免疫不全病毒感染的流行疾病。根據世界衛生組織的公佈，世界上大約有二千萬血清反應陽性者，因為有些國家是過分低估了這個情況；到2000年時，可能會達到四千萬。一些非洲赤道國家是受人類免疫不全病毒感染最嚴重的國家，然而這種病毒在亞洲也迅速地流行。在法國估計大約有十一萬人受到免疫不全病毒的感染。從這種病毒流行開始，四萬人已發展成為愛滋病，其中60%已死亡。在法國，有些治療機構同時還設有援助和陪伴病人的組織團體。

潛伏期時，免疫系統堅決地抵禦要繁殖的病毒。如果免疫不全病毒佔優勢，免疫系統的抵禦就開始變弱，最終便缺乏免疫功能，那時可怕的感染或癌症會得以發展。確切地說，這個階段就是愛滋病，愛滋病的結局就是不管時間拖長些或是短些，但都會迅速死亡。

如果缺乏免疫功能，那也是逐漸的。在沒有發生嚴重的不適前，可以察覺出缺乏免疫功能。因此血清反應陽性者應該定期接受檢查，並且進行血液分析以便觀察自己的防禦狀況。如果防禦狀況有減弱的症狀，可以用藥物暫時減弱病毒的攻擊，抵抗突然出現的某些感染。

因此，目前使用的藥物能夠大幅延緩疾病的發展。

（1995年6月）

身體受到威脅

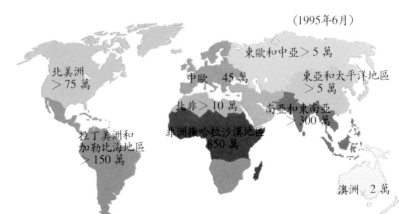

東歐和中亞 ＞5萬

北美洲 ＞75萬

中歐 45萬

東亞和太平洋地區 ＞5萬

北非 ＞10萬

南亞和東南亞 ＞300萬

非洲撒哈拉沙漠地區 850萬

拉丁美洲和加勒比海地區 ＞150萬

澳洲 2萬

毒品、酒、煙

麻醉品

「毒品」一詞經常用來指麻醉品。這些麻醉物質進入人體後，就對大腦產生影響而引起意識、感覺和行為的改變。這些物質是非常有害的：一方面，這些物質會危害各種不同的器官（尤其是對神經系統、呼吸器官和心血管器官）；另一方面，這些物質會導致依賴性，也就是吸食毒品後覺得必須再吸食毒品，然後增加吸食毒品的劑量，因為人體已經習慣了這些作用。這種依賴性的現象成為完全的受束縛狀態，使人長期處於毒品毒害的嚴重後果之下。首先是心理上的依賴性，接著依賴性會成為體力上的，尤其是像海洛因和古柯鹼這樣的毒品。停止吸食這些毒品，人體就會發生極其不適和不舒服的感覺、非常焦慮、疼痛，唯有再吸食毒品才能消除這些極度的不適和不舒服、焦慮和疼痛，除非能在心理上和醫療上同時加以治療。

印度大麻和北美產
大麻

這兩種大麻都來自印度大麻或者大麻科。吸食過多的劑量會有類似因酒精作用而引起的醉態，而會有造成意外事故的危險。長期吸食大麻會導致智力損壞、長期焦慮的情緒、情感冷漠、記憶力減弱。

67

各種不同毒品的有害作用

使用古柯鹼的相關毒品會很快地產生強烈的依賴性，導致罹患嚴重的精神官能和心臟疾病的危險。

身體受到威脅

迷幻藥是許多死亡的原因。

古柯鹼

從古柯的葉子中提煉出古柯鹼，在許多配製劑中都含有古柯鹼，其中強效純古柯鹼毒品的毒害作用特別強。

海洛因

從罌粟中提煉出的嗎啡，再經過化學變化後就做成海洛因。這種毒品最常採用的是以靜脈注射來攝入，過量的海洛因會造成呼吸停止而導致死亡。

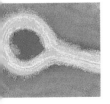

身體受到威脅

有些揮發性毒品是以吸食的方法攝入，它們是溶劑，可以溶解脂肪和細胞膜。首先受到攻擊的是呼吸黏膜，連帶的會有呼吸困難及猝死的危險；中樞神經系統尤其受到威脅。

吸入過度劑量的海洛因所引起的危險最為常見，因為其他的毒品往往是混合物，含有不同數量的海洛因，而且注射毒品的劑量是不確定的。只要一注射海洛因，就會很快地產生依賴性。如果與已經受到B型肝炎或愛滋病病毒感染的人共同使用注射器，注射海洛因就極有感染各種不同微生物的危險。20％至30％海洛因成癮的人是血清反應陽性者。此外，為了增加毒品的重量及價錢所添加的物質，例如滑石粉，也同樣是引起嚴重疾病的起因。有海洛因毒癮的人，從他對毒品產生依賴性的時刻開始，他在行為上的變化常常會導致他個人脫離社會。

酒精和煙

人們常常把服用麻醉品，尤其是注射海洛因，稱作有毒癮。然而攝入被認為無害的物質，

例如酒和煙，也產生了類似的問題：對人體產生毒性和依賴性問題。由許多吸煙者都很難戒煙就可以說明這種狀況，儘管吸煙所感覺到的問題程度當然與那些靠海洛因等毒品而生存的吸毒者是完全不能相比的。然而，如果把煙的影響與毒品加以比較，煙草中毒並不會像有海洛因癮和酒精中毒而導致脫離社會的情況；吸煙者完全被社會所接受，也完全納入整個社會中。

酒（精）

自從十九世紀中葉，人們已經承認而且研究酒精中毒所造成的損害。在那個處於正在誕生的工業化和擴大城市化的時期，酒已經成為名副其實的一種災難了，於是首批反對酒精中毒的協會創立起來了。

法國和其他的一些國家一樣，飲用含有酒精的飲料是屬於傳統的文化，而且常常是與節日歡慶連繫在一起，於是使得飲酒成為一種普遍的行為。

但是飲酒並不是對個人以及社會沒有產生任何的問題。

除了喝醉酒以外，每天定時而無節制地飲酒，以及由於酒的毒性對人體的影響，會

含有酒精的飲料

所有的飲料都含有不同濃度的酒精。酒精的含量是由酒精的度數來表示的：飲料中純酒精稀釋的容量百分比。

69

一公升10°的酒含有一百毫升酒精。酒精的濃度每毫升為0.8公克。一公升這種酒含有80公克酒精。按照這個比率，四分之一公升6°的啤酒正好含有12公克酒精。

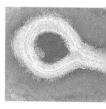

身體受到威脅

醉酒和意外事故

飲酒造成的酒醉狀態是許許多多交通事故（40%的死亡事故）和工作事故（15%的工作意外事故）的起因。

漸漸地損壞許多器官（肝、大腦神經和消化道）。過度飲酒者的抵抗感染能力較弱，在這些過度飲酒者當中，經常會突然罹患某些癌症。

此外，酒中含有一種類似毒品的性質，也就是養成飲酒的習慣會產生對酒的依賴性。

酒醉狀態

大腦功能失調與血液中酒精濃度是成正比的：攝入酒精含量為0.5g/L的酒後，人體表現出反應遲頓，距離估計較差；當攝入酒精含量為1g/L的酒後，人體動作協調欠缺，接著會出現意識紊亂和興奮。攝入酒精含量為3g/L的酒後，人體會出現昏迷；而攝入酒精超過4g/L到5g/L的酒後，會導致死亡。

身體受到威脅

如同服用其他毒品一樣，依賴性只會加劇飲酒的經常性和飲酒量的增多，以及由於酒精中毒而加重病情的危險。此外，酗酒中毒者在性格和行為上所出現的問題，經常會造成個人、家庭和職業上的嚴重困擾，而且會導致脫離社會。在法國估計有兩百萬酗酒中毒者，而每年直接或間接由於酒精而引起的死亡有六萬人。

十八世紀時期的煙：
「在我的鼻煙盒裡有好煙」

克里斯托夫·哥倫布從美洲帶來了煙，1561年由讓·尼柯獻給卡特琳娜·德·麥迪奇，以後抽煙才漸漸地傳播開來。那個時候，人們嗅鼻煙，嚼煙草，或者把煙葉放在煙斗裡抽。這些吸煙的方法在十九世紀中慢慢被抽捲煙所取代。自從上個世紀末，人們已經察覺到煙會危害心臟和血管。從1930年開始，人們已經承認煙對引發肺癌有明顯的影響。

我們可以按照 Q/ (0.7 × P) 這個公式計算男性的乙醇血，按照 Q/ (0.6 × P) 這個公式計算女性的乙醇血；Q 是攝入的純酒精（單位用公克，根據飲用飲料的容量和酒精度數來計算），P 是飲用者的重量（用公斤計算）。

乙醇血程度是有變化的，要看飲酒者在喝酒的同時是否也吃飯（空腹時酒精在血中流通非常迅速）。乙醇血以每小時每公升0.15至0.20公克而減少。

71

煙

煙葉碾碎後，烘乾，再捲入薄紙內，就可以抽煙了。在西方國家，抽煙成為主要的死亡原因，而另一半的死亡原因是由於癌症。

身體受到威脅

有毒的混合物

抽煙吐出的煙是一種混合氣體，含有四千多種物質，這四千多種物質都會對呼吸道的黏膜產生影響。尤其是在這些物質中含有尼古丁、致癌的焦油瀝青、刺激粒子和一氧化碳。

二十世紀：
法國每年有六萬人死亡

捲煙中的有毒物質對口腔的黏膜產生影響，吸入後又影響喉嚨和支氣管。大部分煙中的成分經過黏膜後到達血液中，因此構成對其他器官感染的原因。

致癌的焦油瀝青是造成口腔癌、舌癌、喉癌、支氣管癌，以及膀胱癌和子宮頸癌的原因，這些癌症常常是發生在抽煙者身上。目前在法國，因癌症而死亡的人，有三分之一是由於抽煙所導致的。

這些刺激粒子直接作用於支氣管黏膜，是慢性支氣管炎的起因：咳嗽、重複感染、呼吸困難等都漸漸地加劇，最終只剩下些微的力氣。

尼古丁對血管有毒，是引起心血管疾病的一個主要因素。尼古丁分子影響大腦，是使抽煙者對煙產生依賴性的原因。正是這種原因，抽煙者才會覺得戒煙是如此困難。

一氧化碳附著在血紅蛋白上取代了氧氣，因此減少了供給人體組織的氧氣。

72

抽煙吐出的煙霧不僅危害抽煙者本身，而且對周圍的人也是一種危害。受煙霧影響的兒童比其他人容易得到呼吸道感染，也容易得哮喘。受煙霧影響的成人較容易罹患心血管疾病，甚至患肺癌。抽煙的同時又服避孕藥，會大為增加循環系統嚴重失調的危險。

身體受到威脅

意外事故和創傷

意外事故經常發生，尤其是孩童和青少年經常會發生意外事故。即使大部分的意外事故沒有引起嚴重的後果，然而有些意外事故的後果非常嚴重，甚至會造成殘障，或是死亡。在兒童和青少年死亡的原因中，有二分之一是由於意外事故造成的。

這個年齡階段發生的意外事故主要是在公共道路上，這些受害者是行人、騎自行車、摩托車的人以及汽車乘客；或是在體能運動和體育活動期間發生意外事故的。

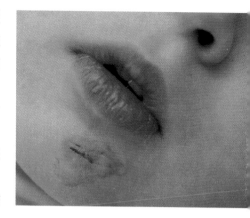

一個傷口
必須要用純淨的水把傷口洗乾淨，再用無菌的敷料紗布，或是乾淨的布把傷口覆蓋住，然後去看醫生或是遵照護士及藥劑師的意見來處理。

可能會引起哪些損傷？

當與一個物體猛烈碰撞，或者跌倒後，往往是骨頭、關節、皮膚、組織最容易受到傷害。傷害的程度會有很大的不同：扭傷、脫臼、骨折。大部分的骨折和嚴重的扭傷必須要固定受傷的肢體，經過三到六個星期才能癒合。

在異位骨折時，一塊骨頭的碎片就可能使附近的器官受傷（血管、神經、器官），並且引起嚴重的併發症（出血*、癱瘓*）。

最可怕的是由於碰撞所引起的一個反衝而導致中樞神經系統損傷，例如脊柱以及頭顱創傷時，就會發生中樞神經系統損傷。當

73

外 來作用和力量無意識地撞擊在身體上所引起的整個損害叫做創傷。

身體受到威脅

骨折

受到直接的碰撞或是突發反衝力的作用，骨頭就會斷裂（骨折→）。移位骨折時，這些骨頭的碎片都散開了。

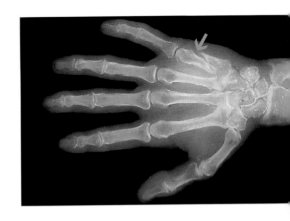

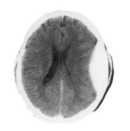

硬膜外血腫

頭顱掃描已表現出血滲液抑制住大腦一葉。

神經病變沒有導致迅速死亡時，有時會造成長期或終身的殘障。

　　即使在沒有骨折的情況下，某些意外事故也有導致器官裂開和內出血的危險，例如脾臟破裂。

頭顱創傷

無論是否會造成骨折，大腦受到猛烈的碰撞會引起頭顱內血管的破裂。由於頭顱不能拓展，血腫就會壓迫大腦。這時的情況非常嚴重，會很快地導致死亡，或是造成嚴重的後遺症。在這種情況下，唯一的方法就是立即進行手術，清除血腫。正因為如此，任何一位頭顱創傷者都應該接受醫生的檢查，根據醫生的意見決定是否住院觀察治療。

身體受到威脅

關節強制運動時，總會有某種程度的拉傷（叫做扭傷），而且一直會發生破裂。關節如同肩一樣，有時會嵌入，成為脫臼的位置（骨頭都是隔開的）。

潛水
這是吸引人的體育活動，但必須要遵守安全規則。

怎樣避免意外事故?

意外事故的發生可能是運氣不好、沒有注意、或是沒有預先提防他人，但是自己也有責任。如果了解會發生突發事故的條件，就可能減少意外事故的次數；尤其是遵守一些禁令以及每項活動的安全規則，就可能控制住意外事故的後果。比如在進行體育活動時，即使不可避免地存在著某些意外事故發生的可能性，並且也承認有某些危險程度（如滑雪），但是常常由於使用的設備不好、沒有保護措施、準備工作不充分，或是對危險缺乏了解，甚至輕視這些危險（例如離開滑雪道路的滑雪、在江河湖海裡游泳而沒有別人看管，以及沒有經過訓練就進行潛水），這些都會加重意外事故的嚴重性。

安全帽
唯一能夠預防頭顱創傷的措施就是戴上安全帽。

75

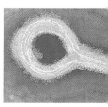

身體受到威脅

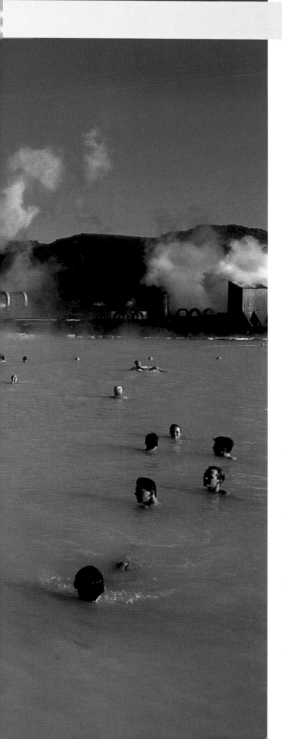

污染

過敏性

陽光

輻射現象

污染

污染對人體會有哪些影響?

在周遭環境中散佈著各式各樣對身體健康有潛在危害的物品,這是來自於人類活動(工業的和個人的)中無數受污染的因素,或甚至是佈置某些場所使用的材料(如石棉)。因此吸入這些物質(空氣污染),或是吃下這些物質(受到污染的水和食物),對人類都可能造成毒害。

比如我們早已知道鉛的毒性,但到處都可以發現鉛的存在:水、食物、空氣中都有,甚至有時兒童一點一點從破牆上剝落的油漆碎片裡都含有鉛。

幸好,除去一些特殊情況以外,在目前已知的情況下,這些大部分的有毒物質似乎並非常常出現在周遭環境中,這些有毒物質的數量也不足以引起真正的疾病。

然而有時會發生一些個別的意外事故,在這些意外事故中,突然排放出大量的污染物質對居民造成悲劇性的後果(博帕爾、塞維索、車諾比)。

除了這些情況之外,人們希望(但似乎不大可能)知道就健康方面來說,哪些污染已經習以為常地被「容忍」了。現在對人體

博帕爾

1984 年在印度的博帕爾,從一家美國的化學工廠排放出一種霧氣(甲基異氰酸鹽),使大約三千人死亡,以及數萬人中毒。

78

健康和環境

由鉛所引起的中毒叫鉛中毒,尤其是小孩特別容易鉛中毒。鉛中毒會引起神經系統失調、紅血球和腎功能異常。

產生作用的各種化學物質，劑量確實很小，但是目前人們仍然不知道，這些物質對人體產生作用幾十年之後會有哪些反應？

現在人們對因一種小劑量污染物質的累積而直接引起的疾病知之甚少。然而有證據顯示，空氣污染到某種程度與病情的加重之間有著連帶關係；甚至在某些情況下，空氣污染的惡化會加速病人的死亡。

空氣污染

空氣污染對人體健康的影響在城市中特別明顯，城市聚集了大部分的空氣污染物質。

在歐洲的一些大城市裡，空氣污染物質的傳播主要是由於汽車交通和市區集中供暖所造成的。排入空氣裡的有害物質有一氧化碳、二氧化硫、氧化亞氮和鉛，以及無數的微小粒子（比如從柴油機排出的黑煙成分）。

這些不同的物質能夠互相結合，特別是在太陽光的作用下結合組成其他有毒物質，比如臭氧或具危險性的霧——濃霧。

目前在一般空氣污染的情況下，人們仍然不能確知哪一種疾病可直接歸因於由哪一種污染因素所造成。

煙霧

1952年，倫敦的煙霧導致四千人死亡。幸運的是，這種類型的事故在今天再也不會發生了，因為市區集中供暖的方式已經有所改變。

石棉纖維是致癌的物質，然而石棉作為各種樓房的隔離材料卻一直使用到1970年（如巴黎的朱西學院），因此有些人一直置身於這種物質可能過量的危險之下。

健康和環境

然而污染情形的惡化（經常是與氣象條件有關），原有的疾病無疑地也會隨之惡化，比如呼吸、心血管和眼睛方面的疾病。此外，污染物質使呼吸黏膜變得脆弱，因而更加無法抵抗感染和過敏。

當污染情形太嚴重時，建議小孩、老人以及患哮喘病者，不要到排放污染氣體附近的街上。

但是相對於污染的影響而言，我們應該注意的是，大部分的呼吸疾病是因尼古丁中毒而引起的。

水污染

在衛生水準較高的國家，人們用自來水漱洗、洗食物，或者直接飲用自來水都不會有什麼問題。然而不可忘記的是，水可能成為許多疾病的媒介，所以需要對水採取消毒措施，以便飲用乾淨的水。主要的危險是感染物的傳播，因為水是微生物生存和大量迅速繁殖的最佳場所。同樣的，水中可能含有許多溶解的污染物質（殺蟲劑、硝酸鹽），甚至是老舊水管中的鉛。

空氣污染

在城市上空的污染是最嚴重的。在某些氣象條件下（當陽光充足及風量較小時）以及排出大量的污染物質時（冬天的熱量、交通最繁忙的時刻），空氣污染會突然加劇。巴黎的帕里夫空氣監測網會定期通告空氣的品質。

健康和環境

食物污染

現在人們仍然不知道食品中的添加劑以及其他化學產品是否會危害身體健康。我們必須留心各種存在於食品中的不同物質（殺蟲劑的殘餘、防腐劑、包裝物），並對這些可能會產生毒性的物質進行定期檢測。法律規定，食品中只能含有極少量這樣的物質（大大低於可能會明顯引起污染後果的最小劑量）。然而這些物質的分子並不能完全被消除，所以我們並不能確切地排除這些物質分子長期累積在人體器官內，所可能引起器官功能失調的危險。

水的問題

在那些衛生設施發展落後的國家裡，很難保證水中沒有微生物。村莊中的井水由於受到感染物的污染，如霍亂，之後就會突然發生令人震驚的流行疾病。

81

微波爐中的燒煮並不會損壞食物的營養物質，但是應該注意燒煮時使用的器皿。確切地說，器皿在燒煮時，器皿的成分在食物的烹飪中會產生變化。

健康和環境

噪音和耳聾

持久的強烈噪音或是突然發出的噪音會造成聽覺器官的漸漸損壞,但是聽覺器官的逐漸損壞並非僅是來自職業的疾病。根據一項調查指出,已有40%的年輕人聽覺受到損壞。

聲音的強度是用分貝來計算的。安靜時,約為30或40分貝,談話的聲音產生55的分貝,鑽洞打釘或狄斯可舞廳發出的噪音達到100分貝。置於100分貝噪音兩小時之後,聽覺器官必須休息大約一天的時間,以便讓與聽覺有關的細胞休息,否則細胞就會損壞,而聽力會不可避免地減弱。100至120分貝已達到痛苦的範圍,超過這個範圍會有耳膜破裂的危險;搖滾音樂會產生105至115分貝……

健康和環境

噪音污染

在城市以及城市附近,噪音的危害最為嚴重。公路運輸、工地、飛機場、狄斯可舞廳附近、小酒店等,到處都是噪音!噪音淹沒了空間:在城市裡很難獨處;噪音侵佔了時間:白天和黑夜或多或少難以分清了。

很明顯的,太強烈的聲音是聽覺器官病變的原因,但是聽覺器官並非僅是唯一受害的器官。噪音對健康會有潛伏性的影響,城市居民每天的生活置身於噪音之中,也許因接續不斷的噪音所引起的損害,才會意識到這些。然而這個過分刺激的起因可能是壓力的反應,而產生其他相關的問題(見第51頁),尤其是人們常常沒有什麼辦法來抵抗周遭的吵雜聲。環境受到噪音的干擾而妨礙了集中精神和判斷的功能,以及阻礙與別人交往的意願,這一切使噪音成為名副其實的社會災難。

過敏

污染物質涉及到每個人;而相反的,可能引起過敏反應的物質僅對容易過敏的人產生問題。這可以解釋春天時,為什麼在農村裡有人會得花粉病而有些人就不會。過敏的症狀來自於免疫系統失常,免疫系統過度地將人體已知的物質視為異物而加以抵制(見第27頁)。這種免疫不適應是由於遺傳的原因。

容易引起呼吸過敏的人數日益增加,尤其是在工業化的國家中。這些都使人們意識到環境受到破壞,使黏膜遇到過敏原時變得更加脆弱,而引發疾病。

絕大多數的過敏現象出現在呼吸器官和眼睛。確實,過敏原飄浮在空氣中會引起結膜炎*,而且侵入鼻、喉、氣管和支氣管的黏膜。以下是因過敏而引發的不適:打噴嚏、鼻塞、流鼻涕、眼睛受刺激、眼皮腫脹、咳嗽、哮喘*時呼吸困難。

另外,皮膚接觸各種不同的物質會引發濕疹:鎳會進入某些合金的成分中(牛仔衣服或內衣的扣子、項鍊、腰帶扣或錶帶)、橡膠或化妝品中的成分⋯⋯

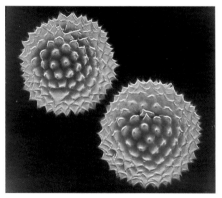

花粉

風把花粉傳送到空氣中飄浮。根據各種植物的不同,一年中的各個時期都有花粉飄浮。花粉是引起許多感冒、結膜炎以及哮喘的原因。

83

健康和環境

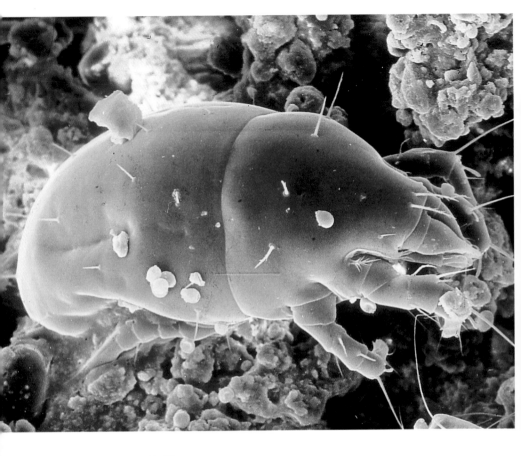

蜱蟎

蜱蟎這種極小的節肢動物生活在住宅的灰塵中：床褥下、地毯下、椅墊裡、枕頭裡。這些節肢動物在牠們的排泄物中排出大約百分之二毫米大小的粒子，這些微小粒子會引發感冒和（過敏性）哮喘等疾病。

某些食品中也含有過敏物質：雞蛋、魚、榛子、奶、甲殼類食物、外來水果、花生米、食物中的添加劑（如色素）。

使用藥品也同樣會引起過敏反應，尤其是抗菌素和阿斯匹林，因此必須要向治療醫生說明服用某種藥物後曾經出現的異常反應。

健康和環境

生命能夠在地球上存在，那是因為我們的地球位於距離太陽有利的位置上，並且享有太陽放射出的能量，還不會燒焦。光子屬於來自太陽各種不同的射線，每個光子攜帶一定的能量。從能量較強的光子到能量較弱的光子，有伽瑪射線、X射線、紫外線、能見光線、紅外線和射頻波。幸虧地球上的大氣，尤其是臭氧層能阻擋能量最強的射線。

　　人類在陽光的影響下發展，而且陽光是人體某些作用所必不可少的。

　　B 紫外線射線能夠在人體表皮進行維他命D的合成。

　　人體的黑色皮膚吸收紫外線較弱，如果生活在陽光不太充足的國家，由於維他命D合成不足，就可能會引起維他命D缺乏症。在這種情況下，尤其在童年時期，應該補充維他命D以避免佝僂病。

　　白天的光線對於調節大腦內的生物時鐘是必不可少的。生物時鐘能夠根據二十四小時周期的連續來調節自己的活動；這就是人們所說的晝夜節律（見第90頁），因此人體與天體力學的節律相同。

陽光下

身體沒有保護而暴露在陽光下會引起嚴重的後果。

85

健康和環境

用光進行治療?

藉著光對抗黑變激素*分泌所引起的作用,可以運用光能來治療某些抑鬱症*。當冬天陽光不太充足時,就可能會得抑鬱症。在醫療條件控制下,也可以運用紫外線來治療某些皮膚病症。

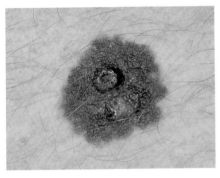

惡性黑色素瘤

惡性黑色素瘤原是一顆「痣」,這顆「痣」轉變為癌。但是這幾年以來,這種癌症的數量日益增加。這與習慣暴曬於強烈的陽光下而沒有採取保護措施是有連帶關係的。

健康和環境

危險的陽光

如果人們輕率地暴曬於陽光之下,陽光就會變得非常危險。太陽的射線會使皮膚老化。大家都知道,長久暴曬在陽光下,由於紫外射線侵入,會引起明顯的灼傷(日曬紅斑)。此外,陽光對皮膚癌和惡性黑色素瘤的影響是最為嚴重的。

過分的光亮對眼睛也同樣有害。太陽光射線的強度對皮膚的危害在以下的條件中會增大:早上十點到下午二點之間的陽光(也就是夏季法定的中午十二點到下午四點之間)、根據海拔高度、皮膚的類型(金黃色頭髮的淺色皮膚者比較脆弱些)、光線照射在地面上的反射程度,以及不同的國家(在赤道附近,光線直射及紫外線被大氣濾除較少)。因為不太厚的雲層會吸收紅外線引起熱的感覺,使皮膚過度暴露於紫外線之下而不易察覺。

應用於醫學治療

現在 X 射線和某些放射性成分經常用於醫療。當使用的劑量少時，可以觀察到器官的圖像以及這些器官運作的情形；當使用的劑量多時，可以治療某些癌症。我們對這些技術的掌握相當好，劑量少時並不會有特別的危險（除非是孕婦或是可能懷孕的婦女）。

在工業方面

民間開發利用核能是從五〇年代開始的。目前法國75％的電力是來自於核電廠。

輻射意外事故

最嚴重的意外事故是由於人體附近的輻射源導致整個人體外部受輻射（短時間裡輻射劑量超過1 Sv）。除去與人體組織燒傷有關的併發症以外，人體內的白血球有被破壞的危險，而且受到輻射者會失去免疫防禦。在這種情況下，必須要進行骨髓移植，骨髓移植將會重新產生白血球。超過10 Sv的劑量常常會導致死亡。

核電廠

核電廠在正常情況下會排放極小數量的殘留到周遭環境，這個殘留僅增加自然輻射的千分之一。在危險性方面，可說對附近居民身體健康的危害很小，因此這些危害很不明顯。

87

對人體組織的輻射作用是隨著輻射劑量的攝入和輻射持續時間而增加的（用西弗特或Sv的劑量單位來測量；1 mSv等於1/1000e的Sv）。

健康和環境

輻射的後果

人們從這張照片上可以觀察到輻射的後果：這位廣島居民的皮膚上罹患放射性皮膚炎。

核反應爐發生爆炸或意外事故時，由於爆炸噴射到環境中的放射性粒子導致輻射。皮膚和衣服上佈滿了這些放射性粒子，因此造成外部感染。這些放射性粒子重新落到地面後，會污染水和食物。這些放射性成分攝入體內成為內部感染的起因。

應該迅速採取去除放射性污染的措施以便減低由此所導致的後果。

人類一直以來置身於某種程度的自然輻射之下，每年達到1.5至6 mSv，這與宇宙射線、岩石和生物分子含有的放射性原子是有關的。與醫療技術有關的放射量則根據每個人的不同而有很大的變化，平均每人每年是0.8 mSv。六〇年代大氣核試驗散落的放射性塵埃至今仍每年釋放出 0.02 mSv。至於核電廠的排放物，年環境射線僅僅應為0.0015 mSv。

88

健康和環境

遺傳基因方面的後果

無論人體攝入多少劑量，輻射都可能促使遺傳病變，稱為突變。一系列的突變會造成細胞分裂控制失調，而且會導致癌症或是白血病（見第23頁）的發生。

如果突變觸及生殖細胞，就會有染色體異常遺傳給子孫的危險。

如果妊娠期遇到輻射，胎兒某些細胞的脫氧核糖核酸會受到影響，這樣胎兒就會有發育畸形的危險。

這些潛在的異常，往往是長期置身於微小的劑量之下或是受到強烈輻射以後很長一段時間（幾年或者十幾年）才會顯現出來。比如在廣島和長崎原子彈爆炸的十年以後，人們才發現倖存者中白血病患者增多。

車諾比——重大的意外事故

1986年的4月26日，在烏克蘭車諾比核電廠的一個反應爐爆炸、燃燒和融化了。放射性粒子的雲層從意外事故現場升起；這些放射性粒子被風吹散，又落回周圍幾百公里的地面上。意外事故的後果是災難性的：237位市民受到強烈的輻射，其中31人死亡（意外事故的後果有軍隊介入，但是今天無人知道這個結果）。在烏克蘭和白俄羅斯有幾萬人置身於外部感染之下，尤其是置身於放射碘之下。碘附著在甲狀腺上，幾年以後，在歐洲這個地區，人們注意到罹患甲狀腺癌症者的人數急劇增加，尤其是兒童患者。

車諾比

這是1986年4月26日發生意外事故以後的車諾比核電廠。

健康和環境

生物節律和生理時鐘

醒和睡是生物節律中最明顯的表現，這些節律顯然的是由周而復始的白天和黑夜、有規律的社會、家庭生活的時間表（課程、工作、吃飯、電視節目表）所維繫。

然而，如果排除外部因素，人體仍會在幾天內繼續按照二十四小時周期進行運轉。確實，大腦內的生物時鐘能夠調節二十四小時周期內人體的活動。體內生物時鐘與視網膜有關；神經纖維使視網膜產生作用，並藉由黑夜和光線而調節時間。

人體的許多活動遵循二十四小時的周期（叫作一晝夜節律）。比如說，人體的中心體溫並不是完全不變的，午後的體溫最高，而睡眠了三分之二時，體溫最低。抗黑變激素的增生是在夜晚出現的。而其他現象遵循不同於二十四小時晝夜節律的周期：月經周期二十八天，妊娠期必須持續九個月。節律周期的存在，明顯地說明人體能夠測量出時間的流逝。

補充知識

有利於入睡和睡眠品質的勸告：

必須避免刺激物的攝入（茶葉、咖啡、煙、酒……），遵循有規律的入睡和起床的作息時間。下午五、六點之前進行體育活動能促進睡眠；然而傍晚的腦力活動幾乎不利於睡眠。應該避免入睡時臥室溫度過高。

90

B型肝炎

B型肝炎病毒的傳染如同人類免疫功能不全症(HIV)：例如性伴侶已感染上病毒，在無保護措施下發生性關係，或傷口接觸到已受感染者血污染的物品（尤其是注射器的針）。此外，受感染的孕婦會把病毒傳染給她的孩子。在同樣的感染環境下，B型肝炎病毒傳染的危險大約比人類免疫功能不全症(HIV)要高100％。一般經過六星期到六個月的潛伏期才會發現肝炎疾病。這種病可以治癒，無併發症；但是有些時候，病毒仍然留在人體內，並且繼續慢慢地損壞肝臟，任肝臟受感染。至少有三分之二的感染是由這種類型的病毒感染所造成的，而且不被察覺；有時甚至已感染了很長一段時間，而被感染者並沒有覺得任何不適。如果有人害怕已經受到感染，應該去看醫生做檢查，以確切了解情況。被感染者在發生性關係時，應採取防護措施以避免傳染給性伴侶。為了避免傳染，在未受感染時應打預防接種疫苗。

診脈

觸摸手腕邊的動脈，很容易察覺動脈管壁上血管的振動以及每次的心臟收縮，也可以計算每分鐘的跳動，並了解心臟搏動的頻率。成人在休息狀況時，每分鐘大約收縮跳動六十次至九十次；新生兒的心跳頻率很高，每分鐘大約一百四十次；而後在十二歲到十五歲時，逐漸達到成人的心跳頻率值。心臟跳動的頻率依照體育活動、情緒和外部氣溫等的情況而產生較大的變化。

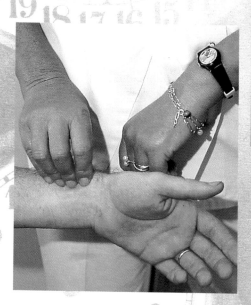

補充知識

預防接種時間表

接受預防接種需有醫生的指示。這個預防接種時間表的目的是要提醒大家，某些預防接種必須在身體健康的情況下才可以進行。

3、4、5個月：
白喉、破傷風、百日咳、脊髓灰質炎、B型流行性感冒和B型肝炎的預防注射。

12個月：
麻疹、流行性腮腺炎和風疹的預防注射。

18個月：
白喉、破傷風、百日咳、脊髓灰質炎、B型流行性感冒和B型肝炎的再次預防注射。

6歲前：
結核病預防注射。

6歲：
白喉、破傷風、脊髓灰質炎和B型肝炎的再次預防注射。

11歲：
白喉、破傷風、脊髓灰質炎、麻疹、流行性腮腺炎、風疹、B型肝炎的再次預防注射，或是其他尚未注射的預防接種。

16歲：
白喉、破傷風、脊髓灰質炎和B型肝炎的再次預防注射。

21歲：
破傷風和脊髓灰質炎的預防注射（接下來的10年）和B型肝炎（接下來的5年）。此外，必須定期接受結核病檢驗，以便確認結核病免疫苗的注射是否持續有效。例如黃熱病，在旅遊期間是非常有益處的。

參考書目

Steve Parker, 人體 (*Le Corps humain*), Collection Passion des sciences, Gallimard.

Richard Walker, 人體圖冊 (*Atlas du corps humain*), Casterman.

Steve Parker, 醫學 (*La Médecine*) Collection Passion des sciences, Gallimard.

Pierre Marchand 編, 愛滋病 (*La Sida*), Collection Passion de la vie, Gallimard.

Bruno Anselme, 人體——解剖、生物學和健康 (*Le Corps humain : anatomie, biologie et santé*), Repères pratiques, Nathan.

Elizabeth Fenwick 與 Richard Walker, 性愛 (*Sex'ado*), Hachette.

Chvistian Rémésy, 食品與健康 (*Alimentation et santé*), Dominos, Flammarion.

Georges Tchobroutsky 與 Olivier Wong, 健康 (*La Santé*), Presses universitaires de France.

Henri Dupin, 食品 (*Les Aliments*), Presses universitaires de France.

M. Caillon 編, 人類生物學 (*Biologie de l'Homme*), Hachette.

光碟
人體 (*Le corps Humain*), 百科全書光碟, Édusoft.

本詞庫所定義之詞條在正文中以星號 (*) 標出，以中文筆劃為順序排列。

一 劃

乙醇血(Alcoolémie)
血液中乙醇的含量。

三 劃

下丘腦(Hypothalamus)
大腦結構；在許多調節過程中，大腦結構發揮很大的功能。

四 劃

內分泌腺(Glande endocrine)
腺體分泌出激素並注入血液中。

心血管疾病(Maladies cardio-vasculaires)
血在血管內流動不暢引起功能不正常，由此造成的疾病。

毛細管(Capillaire)
線狀的血管，管壁非常薄，是營養物和廢棄物的通道，也就是毛細血管。

五 劃

出血(Hémorragie)
從血管中流出大量的血。

可體松(Cortisol)
腎上腺分泌的激素。

白血病(Leucémie)
血癌（不正常的白血球增殖混亂）。

六 劃

合成(Synthèse)
分子製造。

血小板(Plaquette)
血細胞。在血液凝固時，血小板發揮凝固的作用。

血液凝固(Coagulation)
血液中的某些成分形成了血凝塊；當血管壁上出現裂口時，血凝塊就可以堵塞出血口。

血清反應陽性(Séropositif)
人體感染上病毒。感染的證明要藉由血中的抗體鑒定，如抗VIH鑒定。

血糖(Glycémie)
血中葡萄糖的含量。

七 劃

免疫功能不全病毒(VIH)
免疫功能不全症病毒原體，愛滋病的病原體。

吞噬(Phagocyter)
吞噬時，一個細胞吞噬一個有害細胞並使其滅亡。

尿道炎(Urétrite)
排尿管道(也是男人的精液管道)發炎。

抑鬱症(Depression)
悲傷、壓抑、精神痛苦的狀況，伴有身體和智力上的遲鈍。

肝炎(Hépatite)
肝臟發炎、功能失調，皮膚呈黃色（黃膽）。

抗黑變激素(Mélatonine)
夜晚由腦中松果體產生的激素。抗黑變激素在血中的數量變化向

人體指明是白天或夜晚。

八 劃

侏儒症(Nanisme)
身高發育不足。

昏迷(Coma)
失去意識、失去運動機能和感覺能力。

九 劃

垂體(Hypophyse)
懸掛於腦中的內分泌腺。

毒素(Toxine)
生物分子對人體有毒。

紅骨髓(Moelle rouge)
在骨骼部位特殊的海棉組織，能夠製造血細胞。

胞質分裂(Cytokines)
在細胞環境裡迅速擴散的分子，並在細胞之間傳播。

十 劃

哮喘(Asthme)
支氣管過敏引起支氣管狹窄，影響空氣流通，妨礙呼吸。

病毒(Virus)
含有蛋白層的微生物；蛋白層內含有遺傳物質並使病毒繁殖。

症狀(Symptôme)
一種疾病表現出的不正常現象（疼痛、發热、腫塊、呼吸障礙……）

神經介子(Neuromédiateur)
一種分子，能把神經細胞的神經波動傳遞給另一個神經細胞；或把神經波動傳遞給肌纖維。

缺乏症(Carence)
具體的某種物質（維生素、鐵、鈣）攝取不足。

脂肪組織(Tissu adipeux)
含有大量脂肪的細胞構成的組織。

脂肪酸(Acides gras)
脂類成分。

脊髓灰質炎(Poliomyélite)
神經系統的疾病。由病毒引起的脊髓發炎，會導致疾病。

酒精中毒(Alcoolisme)
對酒精依賴狀態。

高血壓(Hypertension artérielle)
血壓一直很高。

十一劃

停經(Ménopause)
卵巢激素分泌停止，表現在月經消失，一般在五十歲左右出現停經。

接種(Inoculation)
在人體內種入傳染因子。

梗塞(Infarctus)
使營養的血液流動停止並引起器官部分細胞死亡，一般指心肌梗塞。

殺蟲劑(Pesticides)
一種用來摧毀對環境有害生物（動物或植物）的藥品。

細菌(Bactérie)
由一個細胞組成的微生物，此細胞的膜增厚。

組織(Tissu)
形成一種功能作用的細胞群（骨組織、肌層、神經、腺……），器官是由各種不同的、並列或錯綜複雜的組織所組成。

蛋白合成激素(Anabolisant)
有利於合成代謝的激素或物質，也就是在組織裡產生的整個合成經過，增加肌肉的物質。

蛋白質(Albumine)
提供血液中蛋白質的黏性。

十二劃

硝酸鹽(Nitrates)
一種養料產物。

結膜(Conjonctive)
覆蓋眼球和眼瞼背面的黏膜。

視網膜(Rétine)
直接感受光的眼區（部）。

十三劃

傷寒(Typhoide)
引起高熱、消化和神經功能失調的傳染疾病。

感受器(Récepteur)
分子或細胞的部分能夠感受到化學或身體的一種變化，並傳遞出此信息。

腫瘤(Tumeur)
由於細胞增殖過分而產生的腫塊。但腫瘤並不都是癌症。

葡萄糖(Glucose)
來自於食物的糖或是由組織產生的糖，是細胞能量的主要來源。

十四劃

酶(Enzyme)
具有促進化學反應性能的蛋白質。

瘧疾(Paludisme)
熱帶疾病，蚊子叮咬時把一種微生物傳到人體內引起。全球有一半人口受到此病的威脅，每年有二百萬人死於這種疾病。

精神與心理疾病(Psychoso-matique)
由於心理因素所造成的疾病或引起某部位障礙。

十六劃

器官(Appareil)
參與同一生理功能的整個器官。

器官(Organe)
身體的一部分，具有一個或幾個功能（心、肝、胃和腎等都是器官）。

澱粉(Amidon)
植物中葡萄糖儲備形態。

糖尿病(Diabète)
長期血糖含量較高的疾病。

糖原(Glycogéne)
動物體內葡萄糖保存的形式。

輸卵管(Tromps de Fallope)
將自卵巢中釋出的卵輸送到子宮。

霍亂(Choléra)
傳染病，易接觸性傳染，導致大量的突發性腹瀉，容易引起迅速脫水而致死。

十七劃

營養(Nutrition)
組織在成長發育和運轉時所吸收
的必需養料。

營養物(Nutriments)
簡單（單純性）的營養物由細胞
吸收。

膽固醇(Cholestérol)
一種在血循環系統中有過多的脂
肪成分，容易引起心血管疾病。

避孕(Contraception)
無論用何種方法，阻止自然受孕
過程。

黏膜(Muqueuse)
覆蓋於空腔器官的，並與外界接
觸的膜（嘴和消化管、呼吸道、
尿道、生殖道）。

二十四劃

癱瘓(Paralysie)
身體某部分的肌肉無法收縮，經
常是因為某個神經受損所造成
的，例如脊髓或大腦。

小小詞庫

95

所標頁碼為原書頁碼，從粗體號碼的書頁裡可以歸納出該詞完整的意思。

讓孩子成為 二十一世紀的主人翁

三民英文辭書系列

皇冠英漢辭典 （革新版）

詳列字彙的基本意義及各種用法，針對中學生及初學者而設計。

新知英漢辭典

收錄高中、大專所需字彙43,000字，強化「字彙要義欄」，增列「同義字圖表」，是高中生與大專生的最佳工具書。

簡明英漢辭典

口袋型57,000字，輕巧豐富，是學生、社會人士及出國旅遊者的良伴。

新英漢辭典

簡單易懂的重點整理，加強片語並附例句說明用法，是在學、進修的最佳良伴。

精解英漢辭典

雙色印刷加漫畫式插圖，是便利有趣的學習良伴，國中生、高中生適用。

廣解英漢辭典

收錄字彙多達10萬，詳列字源，對易錯文法、語法做解釋，適合大專生和深造者。

人類文明小百科

一套專為十歲以上青少年設計的百科全書

伍史利的大日記
——哈洛森林的妙生活（I）（II）

Linda Hayward著　本局編輯部 譯

有一天，
一隻叫伍史利的大熊來到一個叫做「哈洛小森林」
的地方，並決定要為這森林寫一本書，
這就是《伍史利的大日記》！
日記裡的每一天都有一段歷險記或溫馨有趣的小故事，
你愛從哪天開始讀都可以，隨你高興！
趁著哈洛小森林的動物們正在慶祝著四季的交替
和各種重要的節日時，隨著他們的步伐，
一同走進這些活潑的小故事中探險吧！

幽默諧趣，繪圖風格大膽新奇

英漢對照系列
看故事學英文

我愛阿瑟系列

Amanda Graham · Donna Gynell　著

本局編輯部　編譯

一連三集，酷狗阿瑟搏命演出，要你笑得滿地找牙！

阿瑟找新家
阿瑟是韓媽媽寵物店裡一隻最不起眼的小黃狗。
所有的小動物都找到了新家，
可是，就是沒有人要阿瑟。
所以，他試著扮成小白兔、小蛇、金魚……
只要有人給他一個家，
和一雙可以磨牙的舊拖鞋，
阿瑟什麼都願意做。
阿瑟冒著生命危險，
使出渾身解數，
只為找到新主人……

阿瑟做家事
阿瑟一如往常地熱心，
忙裡忙外地，想幫每個人的忙。
可是，他的好意卻造成了大混亂。
所以，老爹和梅蘭妮決定好好糾正他……
阿瑟也想幫忙做家事，
可是天哪！他又幫了倒忙了……

永遠的阿瑟
波樂剛來的時候，
阿瑟並沒有很在意，
現在，他終於有伴兒一起啃舊拖鞋了。
可是，慢慢的，波樂變成了梅蘭妮的「新寵」，
波樂一天比一天得主人喜愛，
阿瑟的地位深受威脅……
這下子，阿瑟可就真的很在意了！

讓你輕鬆掌握學英語的竅訣
快快樂樂暢遊國際地球村

自然英語會話

大西泰斗/Paul C.McVay 著

英文自然學習法一～三

大西泰斗/Paul C.McVay 著

國家圖書館出版品預行編目資料

身體與健康／Olivier Roussel著；孟筱敏譯.
　－－初版. －－臺北市：三民，民87
　　面；　　公分. －－（人類文明小百科；16）
含索引
譯自：Corps et santé
ISBN 957-14-2859-0（精裝）

1. 生理學（人體）　2. 健康法

397　　　　　　　　　　　　　　　87005740

網際網路位址　http://www.sanmin.com.tw

ⓒ　身體與健康

著作人	Olivier Roussel
譯　者	孟筱敏
發行人	劉振強
著作財產權人	三民書局股份有限公司 臺北市復興北路三八六號
發行所	三民書局股份有限公司 地　址　臺北市復興北路三八六號 電　話　二五〇〇六六〇〇 郵　撥　〇〇〇九九九八——五號
印刷所	臺北市復興北路三八六號
門市部	復北店／臺北市復興北路三八六號 重南店／臺北市重慶南路一段六十一號
初　版	中華民國八十七年七月
編　號	S 04016
定　價	新臺幣貳佰伍拾元整

行政院新聞局登記證局版臺業字第〇二〇〇號

有著作權　不准侵害

ISBN 957-14-2859-0（精裝）

人體的肌肉

① 尺側伸腕肌　⑬ 大殿肌
② 肱二頭肌　　⑭ 股四頭肌
③ 肱三頭肌　　⑮ 股二頭肌
④ 三角肌　　　⑯ 股三頭肌
⑤ 頸椎　　　　⑰ 跟腱
⑥ 斜方肌
⑦ 胸椎
⑧ 背闊肌
⑨ 斜肌
⑩ 腰椎
⑪ 骶骨肌
⑫ 尾椎